MÉMOIRES

DE

LA SOCIÉTÉ ARCHÉOLOGIQUE

DE TOURAINE

MÉMOIRES

DE LA

SOCIÉTÉ ARCHÉOLOGIQUE

DE TOURAINE

TOME XXIII.

TOURS

GUILLAND-VERGER
Rue Royale, 13.

GEORGET-JOUBERT
Rue Royale, 13.

M.DCCCLXXIII

MÉMOIRES

DE

LA SOCIÉTÉ ARCHÉOLOGIQUE

DE TOURAINE

MÉMOIRES

DE LA

SOCIÉTÉ ARCHÉOLOGIQUE

DE TOURAINE

TOME XXIII.

TOURS

GUILLAND-VERGER
Rue Royale, 13.

GEORGET-JOUBERT
Rue Royale, 13.

M.DCCCLXXIII

HISTOIRE

DE

L'ABBAYE DE NOYERS

AU XIe ET AU XIIe SIÈCLE

D'APRÈS LES CHARTES

PAR

M. L'ABBÉ C. CHEVALIER

CHEVALIER DE LA LÉGION D'HONNEUR, OFFICIER D'ACADÉMIE,
PRÉSIDENT DE LA SOCIÉTÉ ARCHÉOLOGIQUE DE TOURAINE,
SECRÉTAIRE PERPÉTUEL DE LA SOCIÉTÉ D'AGRICULTURE, SCIENCES, ARTS
ET BELLES-LETTRES D'INDRE-ET-LOIRE,
LAURÉAT DE L'INSTITUT, ETC.

HISTOIRE

DE

L'ABBAYE DE NOYERS

AU XIe ET AU XIIe SIÈCLE

D'APRÈS LES CHARTES

PAR

M. L'ABBÉ C. CHEVALIER

CHEVALIER DE LA LÉGION D'HONNEUR, OFFICIER D'ACADÉMIE,
PRÉSIDENT DE LA SOCIÉTÉ ARCHÉOLOGIQUE DE TOURAINE,
SECRÉTAIRE PERPÉTUEL DE LA SOCIÉTÉ D'AGRICULTURE, SCIENCES, ARTS
ET BELLES-LETTRES D'INDRE-ET-LOIRE,
LAURÉAT DE L'INSTITUT, ETC.

HISTOIRE

DE

L'ABBAYE DE NOYERS

AU XIe ET AU XIIe SIÈCLE

D'APRÈS LES CHARTES

CHAPITRE PREMIER.

Fondation de l'Abbaye.

(1031.)

Noyers n'est plus aujourd'hui qu'un humble village, dépendant de la commune et de la paroisse de Nouâtre, et ayant perdu toute espèce d'autonomie. Mais, au moyen âge, c'était un centre actif d'influence religieuse, morale, scientifique et agricole dans la Basse-Touraine et dans le Châtelleraudais. L'abbaye était une véritable puissance, ayant de vastes domaines, de nombreux sujets, des revenus considérables, et jouissant de toute l'autorité humaine que donnent de pareilles ressources. En certaines occasions, on y vit paraître en grande pompe les légats du Pape, les archevêques de Tours, les comtes d'Anjou et de Touraine, les seigneurs du pays, les dignitaires ecclésiastiques et une foule de peuple. Le bourg qui entourait les bâtiments du monastère formait une petite ville close, avec ses priviléges et ses immunités, fréquentée par les étrangers et par les habitants du voisinage.

I.

Les commencements de cette puissance furent très-modestes.

Dans la seconde moitié du xᵉ siècle et dans les premières années du xıᵉ, il y eut en Touraine, comme dans la plupart des provinces du centre et du nord de la France, un mouvement religieux prononcé. C'est l'époque de la fondation ou de la restauration de plusieurs grands établissements ecclésiastiques ; c'est le siècle durant lequel se construisirent chez nous tant de remarquables églises romano-byzantines. Noyers dut sa naissance au mouvement religieux dont nous venons de parler.

Dès l'antiquité la plus reculée, sans que l'histoire en fixe la date, existait à Noyers une petite église sous le vocable de la Sainte-Trinité et de Notre-Dame. Hubert, seigneur de Noyant, acquit cette église de Malran ou Marran, fils de Marric ou Méry, seigneur de Nouâtre et son suzerain, et à côté de ce modeste sanctuaire, il jeta les fondements de la nouvelle abbaye qu'il voulait confier à des enfants de saint Benoît. L'abbé Evrard ou Ebrard y amena quelques moines pour former le premier noyau de la pieuse colonie. C'était, au sentiment de Mabillon et de Martenne (1), le même abbé qui dirigeait alors les deux monastères de Marmoutier et de Saint-Julien de Tours. Hubert et son fils Thomas, engagé dans la cléricature, avaient donné des terres suffisantes pour l'entretien des religieux, c'est-à-dire les trois alleux de Charçay, de Doucé et de Chavagne ou Chaveignes, sis au midi de la Vienne, avec toutes les personnes de condition servile attachées à ces domaines, en imposant aux moines l'obligation de nourrir chaque jour les pauvres qui se présenteraient, et de leur laver les pieds selon l'usage monastique (2).

(1) MABILLON, *Annal. Benedict.*, t. IV, p. 362. — MARTENNE, *Histoire de l'abbaye de Marmoutier*, Ms. de la bibliothèque municipale de Tours, pp. 117-118, et de la bibliothèque nationale.

(2) S. P. BENEDICTI *Regula*, cap. LIII, *De hospitibus suscipiendis*. Patrologie de l'abbé Migne, t. LXVI, col. 750.

Afin de rendre plus stable l'œuvre heureusement inaugurée, les fondateurs obtinrent préalablement l'acquiescement de Foulques Nerra, comte d'Anjou, et de son fils Geoffroy Martel, parce que le territoire de Noyers faisait partie de leur *bénéfice*, c'est-à-dire de leur fief; puis ils réclamèrent la confirmation du roi. Le roi Robert concéda son diplôme de confirmation à Orléans, au commencement de l'année 1031, et voulut accorder un privilége à la nouvelle abbaye; d'après l'autorité royale, quiconque violerait la clôture du monastère ou le cimetière, ou enlèverait quoi que ce soit de l'alleu dans lequel s'élevait la basilique de Notre-Dame, aurait à payer cent livres d'or; si sa fortune ne lui permettait pas d'acquitter cette somme, il devait livrer sa personne aux moines, avec tout ce qu'il possédait. Ce n'était point là une vaine menace, comme nous le verrons plus loin. (*Carta* I.)

II.

Le comte Geoffroy Martel et sa femme Agnès tinrent aussi à honneur de doter le monastère naissant, et, pour lui être agréables, ils achetèrent à son intention, du chevalier Odon, surnommé Brisehaste, la moitié de la rivière de Vienne, sur la rive gauche, en face de l'abbaye, avec un quartier de terre adjacent; cette acquisition eut lieu moyennant dix livres, dont sept furent payées en deniers à Odon, et les trois autres à sa femme en un vêtement de fourrures. Les pieux seigneurs donnèrent ensuite cette propriété aux moines de Noyers, en la chargeant d'un cens annuel de douze deniers, payables le 8 septembre, fête de la Nativité de la sainte Vierge. (*Cart.* III.)

C'était là un don précieux pour le monastère, qui possédait déjà l'autre moitié de la rivière, sur la rive droite, et qui, dès lors, pouvait traverser la Vienne, sans subir la loi des seigneurs du voisinage, jaloux d'exploiter à leur profit les passages et les ports dont ils étaient propriétaires. Aussi les moines s'empressèrent-ils de profiter de cette facilité pour transporter les pierres qu'ils enlevaient d'une carrière ouverte dans le coteau opposé, appartenant au même Odon Brisehaste, auquel ils donnaient chaque année pour cet objet un porc et une truie *(bestia)*. C'est de là que sortirent tous les matériaux qui servirent à l'édification de l'abbatiale et des bâtiments claustraux.

La construction de l'église était achevée vers l'an 1032. Arnoul, archevêque de Tours, vint consacrer cet édifice, et reconnut l'indépendance des moines de toute autre abbaye.

« L'église abbatiale de Notre-Dame de Noyers, dit M. l'abbé Bourassé dans les notes qu'il nous a laissées, avait été bâtie, agrandie et restaurée à différentes époques. C'était un édifice remarquable, quoiqu'il manquât d'unité. On apercevait distinctement, dans les principales parties du monument, la trace des divers styles d'architecture usités au moyen âge. L'abside datait du XIe siècle. La nef et les chapelles, avec leurs arceaux en ogive, leurs colonnes élancées et leurs chapiteaux à feuillages, indiquaient la première moitié du XIIe siècle. Un narthex de la même époque, où avaient été ensevelis plusieurs membres de la famille de Sainte-Maure, fut supprimé à la fin du XIIe siècle ou au commencement du XIIIe, pour donner place aux fondations du clocher. De 1542 à 1544, l'église fut ornée d'un splendide jubé, ciselé dans le goût de la Renaissance. Ce fut l'œuvre de l'abbé François de Mauny, qui réédifia le logis abbatial et les cloîtres. En 1544, ce prélat fut nommé évêque de Saint-Brieuc. Transféré ensuite au siége de Tréguier, il fut enfin élu archevêque de Bordeaux, où il mourut en 1558.

« De tous ces beaux ouvrages, il ne reste qu'une vague mention; l'église a été emportée par la Révolution, et les bâtiments claustraux furent rebâtis dans le cours du dernier siècle (1760). Nous savons que l'église offrait dans sa structure de très-curieux détails. Par une disposition dont l'archéologie a signalé quelques exemples, l'édifice sacré présentait à l'extérieur l'aspect d'une forteresse militaire. Des tourelles ou hauts contreforts assuraient la solidité des murailles; le comble des nefs et des chapelles était surmonté de créneaux. En ce temps de guerres intestines et de querelles sans cesse renaissantes, ces créneaux et ces courtines n'étaient pas un ornement de luxe, mais une nécessité de la défense. La collégiale de Cande a conservé quelques traits de ce système, objet de l'étonnement des archéologues (1) ; l'abbatiale de Noyers devait offrir tout un ensemble que j'appellerais chevaleresque, s'il ne s'agissait pas de la maison de prière et de paix, et qu'on me permettra du moins d'appeler pittoresque.

« L'ancienne église paroissiale de Noyers, encore debout, porte les caractères des constructions du XIe et du XIIe siècle ; mais c'est un édifice en assez mauvais état et d'un médiocre intérêt. Après la Révolution, à la réorganisation des paroisses, par suite du Concordat de 1802, Noyers donna son nom à une paroisse nouvelle, comprenant le bourg et l'église de Nouâtre comme annexe. Ce fait s'était accompli sous l'influence de la réputation de l'antique abbaye : le cardinal de Boisgelin, archevêque de Tours, connaissait mieux les documents de l'histoire que l'état des lieux. A la vue des ruines amoncelées à Noyers, il jugea à propos de réformer sa première ordonnance. Actuellement Nouâtre, avec son élégante église du XVe siècle, est le chef-lieu de la paroisse : Noyers en est seulement une annexe. »

III.

A peine fondée, l'abbaye courut un grave danger, dont elle fut sauvée par l'énergie de l'abbé Évrard. Un chevalier, nommé Ébroïn, s'imagina qu'il aurait facilement raison de cette colonie naissante, et il essaya de lui ravir par la force une de ses propriétés. S'il eût réussi dans sa tentative, les autres chevaliers du voisinage, gens assez peu scrupuleux, pouvaient se jeter comme des vautours sur les domaines à leur convenance, et disperser facilement les moines à peine installés. L'abbé Évrard sentit le péril et ne perdit pas de temps. Il équipa une petite armée, *homines suos paratos ad bellum*, se mit à la tête de ses hommes,

(1) Les églises fortifiées, assez rares dans nos régions du Centre, sont très-communes dans le Midi.

et se rendit à Faye-la-Vineuse, réclamant l'arbitrage de Nive ou Nivès, dame de Faye. Cette manière de procéder obtint un plein succès : la campagne, commencée sous ces auspices menaçants, ne fut pas de longue durée. C'était d'ailleurs une expédition assez bizarre : un moine conduisant des hommes de guerre, et une femme choisie pour arbitre. L'envahisseur entra aussitôt en composition, craignant, avec raison, d'être rudement mené. Ajoutons que Nivès était une femme de mérite, remarquable par des qualités solides et par sa beauté. Ses contemporains ont été unanimes à faire son éloge. Elle avait épousé Aimeri de Loudun, surnommé Félix ou l'Heureux, pour avoir été l'objet de la préférence de la dame de Faye. Vers l'époque où Évrard et Ébroïn l'acceptaient comme arbitre, elle fondait la collégiale de Saint-Georges, un des monuments les plus curieux de la contrée (1). En récompense de son entremise, les moines lui donnèrent une demi-once d'or. Ce fait se passait vers l'an 1032. (*Cart.* II).

Cet acte de vigueur affirma la vitalité du nouveau monastère, et fit voir aux ambitieux et aux larrons du voisinage qu'à Noyers venait de naître une nouvelle puissance, avec laquelle il faudrait désormais compter. L'abbé Évrard, satisfait de son œuvre, crut pouvoir l'abandonner à ses propres forces, et après avoir pourvu à l'élection régulière d'un abbé, il retourna à son gouvernement monastique de Marmoutier, où il mourut la même année 1032 : les moines de Noyers célébraient son *obit*, le 8 décembre.

IV.

Après avoir raconté la fondation de l'abbaye de Noyers, il est nécessaire de la placer dans le milieu où elle allait se mouvoir, pour faire mieux comprendre l'importance et la portée des événements que nous allons exposer.

(1) *Mémoires de la Société archéologique de Touraine*, t. III, p. 162, Notice sur *Faye-la-Vineuse*, par M. l'abbé Bourassé.

Le monastère était assis sur la rive droite de la Vienne, au bord même de la rivière, dangereux voisinage, qui fut plus d'une fois fatal à l'établissement (1). Il était dans une solitude relative, car aucun grand chemin ne passait à proximité de la maison. Un peu plus loin, du côté de Maillé, courait l'antique voie romaine qui, venant de Tours par Ballan, Pont-de-Ruan, Thilouze et Saint-Épain, se bifurquait à la hauteur de la Celle-Saint-Avent, en face du Groin ou Bec-des-Deux-Eaux, pour franchir en bateau la Creuse à Port-de-Piles, et la Vienne à Ports. C'étaient là deux points très-importants, dont les moines cherchèrent de bonne heure à s'assurer la possession, et pour lesquels ils soutinrent plus d'une lutte. La propriété de ces ports leur assurait la prééminence incontestée de toute cette région, en leur mettant dans la main les clefs des deux passages par lesquels la Touraine communiquait avec le Poitou et le Midi. Le pays était d'ailleurs fertile en blé, en vin, en arbres fruitiers de toute espèce, et surtout en noyers, qui vraisemblablement donnèrent leur nom à la contrée.

L'abbaye dépendait féodalement de la seigneurie de Nouâtre, dont elle avait été détachée à l'origine, et chaque année les moines étaient tenus d'offrir à leur suzerain dix-huit deniers, un chapeau, c'est-à-dire une couronne de fleurs, et deux paires de gants en peau de chien : une paire propre à servir à un homme, l'autre paire à l'usage d'une dame. Outre ces redevances à titre général, l'abbaye de Noyers était tenue à d'autres charges féodales pour ses domaines particuliers. Au moment où commence notre histoire, la seigneurie de Nouâtre appartenait

(1) Le niveau de la crue de la Vienne du 16 juillet 1792, marqué sur les murailles de l'abbaye, nous montre les eaux arrivant à 40 centimètres au-dessus du dallage actuel.

En 1661 et 1740, la rivière, encore plus terrible, avait monté à dix pieds dans les lieux réguliers, et à quatre ou cinq pieds dans l'église. La première de ces inondations n'a pas été mentionnée dans le savant ouvrage de M. Maurice CHAMPION sur les *Inondations en France depuis le VIe siècle jusqu'à nos jours*, t. III, p. 71. — On peut lire, inscrites au chevet extérieur de l'église de Marcilly, en face de Noyers, un grand nombre d'indications précieuses sur les grandes crues de la Vienne.

au comte d'Anjou, qui s'y faisait représenter par des châtelains à titre viager. Dans la guerre qu'il faisait au comte de Touraine, Nouâtre était devenu pour Foulques Nerra un point d'une extrême importance : c'est là que le terrible *faucon noir* traversait la Vienne pour envahir les domaines de son ennemi, et, pour s'assurer en tout temps le facile passage de la rivière, il avait bâti de chaque côté, en guise de têtes de pont, deux énormes mottes, dont l'une est connue sous le nom impropre de *Tumulus* ou *Calvaire* de Nouâtre, et dont l'autre, sur la rive gauche, a gardé son nom primitif de *la Motte* (1).

Outre la seigneurie de Nouâtre, toujours bienveillante pour le monastère, il y avait dans le voisinage une foule d'autres seigneuries avec lesquelles nous verrons l'abbaye en relations d'amitié ou de lutte. Les principales étaient celles de Sainte-Maure, de l'Isle-Bouchard, de Champigny-sur-Veude, de Faye-la-Vineuse, de Marmande, de Châtellerault, sans compter une multitude d'autres petits fiefs, occupés par des chevaliers dépendant de ces grandes seigneuries.

Au nord, l'abbaye rencontrait une puissance colossale, celle de la collégiale de Saint-Martin, qui possédait les immenses domaines de Noyant et de Saint-Épain. Aussi ne s'étendit-elle point de ce côté. Son action se concentra particulièrement sur les bords de la Vienne, depuis le Port-de-Piles jusqu'à l'Isle-Bouchard ; à Sainte-Maure et dans la région qui de là s'étend jusqu'à la Creuse ; dans l'espace triangulaire intercalé entre la Creuse et la Vienne, et enfin, sur la rive gauche de la Vienne, dans le pays compris entre Châtellerault et Champigny. On peut dire que l'abbaye, par ses possessions, était autant poitevine que tourangelle.

Dans le diocèse de Tours, Noyers possédait dix-neuf églises paroissiales, dont l'abbé était patron ou présentateur, huit prieurés et cinq chapelles ; dans le diocèse de Poitiers, sept églises paroissiales et dix prieurés. (*Cart.* DCLII.)

(1) Cette dernière motte, qui était située près du château actuel de la Motte, a été complètement rasée il y a quelques années.

C'est dans ce milieu que nous allons voir l'abbaye de Noyers grandir peu à peu, augmenter chaque année ses possessions, et enfin devenir une véritable puissance ecclésiastique et féodale.

CHAPITRE II.

Gouvernement de l'abbé André.

(1032-1062.)

Nous avons l'intention d'écrire l'histoire de l'abbaye par les chartes, et de noter brièvement, d'après ces textes, les faits propres à intéresser, à un titre quelconque, l'histoire générale de Touraine, et dignes de figurer dans les annales de notre province. On aurait tort de compter sur des documents d'une importance majeure. Nous espérons cependant, à l'aide de cette longue série de pièces, presque toutes inédites, jeter quelque lumière sur des événements connus d'une manière incomplète, parfois dénaturés. Nous aurons l'occasion d'établir solidement, pour la première fois, des dates archéologiques pour plusieurs édifices de la période romano-byzantine. Aurions-nous pu laisser de côté de nombreux traits de mœurs, trop souvent négligés ou dédaignés jusqu'à présent ? Aujourd'hui, et avec juste raison, on aime à sauver de l'oubli jusqu'aux moindres détails de la vie intime de nos ancêtres. Les actes des princes et des grands seigneurs sont assez connus : l'existence des hommes du peuple, surtout dans nos petites villes et dans nos campagnes, reste toujours dans l'ombre. Et pourtant, suivant les décrets admirables de la Providence, le peuple maintenant possède le sol et exerce une influence prépondérante sur les affaires publiques. A lui d'exprimer et de diriger les aspirations de la patrie ! A lui appartient l'avenir !

I.

L'abbé André succéda à l'abbé Évrard en 1032, au lendemain de la fondation du monastère, et gouverna Noyers pendant trente ans. Durant cette longue administration, il jeta les premières bases de la grandeur future de l'abbaye, obtint quatre églises ou prieurés, créa trois villages, et acquit en outre plusieurs domaines importants à Pussigny, Mondion, Sauvage, Grizay, Dangé, Messemé, l'Isle-Bouchard, et même jusqu'à Tours.

Une des acquisitions les plus intéressantes est celle de l'église paroissiale de Saint-Patrice, sur la rive droite de la Loire. Un homme noble, nommé Archambault, du consentement de sa femme Mabile et de son fils André, donna à l'abbaye de Noyers tout le fief curial de cette église, pour en jouir seulement à la mort du prêtre, qui le tenait alors dudit Archambault; il y ajouta le don des offrandes qu'il avait coutume de recevoir aux principales fêtes, et le quart des droits de sépulture, avec la liberté pour l'abbaye d'acquérir la moitié de ces droits de celui qui la tenait en bénéfice du même Archambault. Il compléta cette libéralité par l'abandon d'une maison près de l'église et de la terre de tout le cimetière, pour y installer les hommes que les moines pourraient attirer à Saint-Patrice. (*Cart.* VIII.)

Il peut sembler étrange de voir un seigneur laïque posséder en toute propriété un bénéfice ecclésiastique, avec tous les droits utiles attachés au titre curial, et en disposer comme d'un bien ordinaire. Ce fait, qui ne demeurera pas isolé dans l'histoire de Noyers, nous montre la confusion étrange où était tombée, au Xe et au XIe siècle, l'administration des biens ecclésiastiques. Les chevaliers, par un droit qu'il eût été difficile de définir, et qui prenait sa source dans les désordres amenés par l'invasion normande, s'arrogeaient la propriété des établissements religieux, églises, chapelles et cimetières. Chose encore plus étonnante peut-être, ils se partageaient entre eux les revenus provenant des baptêmes, des mariages, des sépultures et de l'administration des sacrements, à plus forte raison le produit des dîmes perçues sur les terres, les vignes et les troupeaux. Il arrivait ainsi, suivant l'expression du temps, qu'un homme du monde possédait la moitié, le tiers, le quart d'une église : à sa mort, ses enfants réclamaient son droit prétendu ; au bout de quelque temps, il en résultait un enchevêtrement inextricable de prétentions plus ou moins fondées, au milieu desquelles disparaissait l'autorité ecclésiastique. Ces explications nous aident à comprendre plusieurs de nos chartes où la même église est donnée plusieurs fois.

Ces propriétaires laïques des domaines ecclésiastiques n'étaient pas pour cela de très-habiles clercs, et plusieurs, incapables d'écrire leur nom, ne pouvaient que tracer une croix sur les actes auxquels ils prenaient part. Aussi étaient-ils souvent troublés par les embarras que leur suscitaient des fiefs de cette nature : la violence n'était pas toujours suffisante à résoudre toutes les difficultés. A ces hommes d'armes illettrés, les moines opposaient des titres écrits, qui gênaient singulièrement les usupateurs. Les habitants de la paroisse, en outre, quand il s'agissait de faire baptiser les nouveau-nés ou d'enterrer les morts, refusaient le paiement des droits du seigneur, après avoir payé l'*office du curé*. Peut-être aussi, du moins pour quelques-uns, la conscience adressait-elle de justes reproches. Aussi, dans les circonstances solennelles de la vie, surtout à la sépulture de leurs proches, ou quand pour eux-mêmes ils sentaient venir la dernière heure, se faisaient-ils un devoir de donner aux monastères la part qui leur était échue dans les églises paroissiales. Les moines acceptaient volontiers ces offrandes, et, pour faciliter ces restitutions déguisées, ils consentaient habituellement à remettre aux donateurs, à titre de dédommagement, des sommes plus ou moins considérables. Ajoutons que les seigneurs, continuellement en querelle, manquaient souvent d'argent, et que leurs vastes domaines, la plupart incultes, faute de bras, ne leur rapportaient que de médiocres revenus : ils n'étaient pas fâchés d'obtenir des moines ce qui fut toujours le nerf de la guerre. Moyennant ces accommodements, ces *convenances*, comme on disait alors, on était également satisfait des deux côtés : les moines recouvraient les églises et les chevaliers battaient monnaie, ce qui était mieux dans le rôle des uns et des autres.

II.

En accordant la terre du cimetière de Saint-Patrice aux moines de Noyers, Archambault leur concéda la faculté d'y fonder un hameau, en y attirant des colons. Nous apprenons par là qu'au-dessus des serfs attachés à la glèbe, au-dessus des colliberts placés, malgré leur affranchissement, dans l'étroite dépendance d'un maître, il y avait des hommes libres jouissant de tous les droits civils. Il semble même que cette classe était assez nombreuse, si nous en jugeons par nos chartes, où nous rencontrons assez souvent la création de hameaux et de bourgs. Grâce à cette faculté, les moines purent grouper autour de leur église une famille assez nombreuse de colons pour cultiver les terres qu'ils tenaient de la libéralité des fidèles. Ainsi naquit le bourg de Saint-Patrice.

Une création du même genre eut lieu vers la même époque sur le territoire de la paroisse de Poizay-le-Joli. Un homme noble, nommé Hugues, légua à Noyers la dîme d'une charrue labourant à six bœufs, autour de la chapelle de Saint-Sulpice; les hommes libres qui se réfugieraient autour de cette chapelle, excepté ceux qui viendraient de Poizay, seraient affranchis de toute redevance envers l'église paroissiale, et ne devraient de tribut qu'aux moines du prieuré, c'est-à-dire l'offrande, la sépulture et la dîme des troupeaux. Les moines ne négligèrent point l'occasion de développer l'agriculture dans cette région; et bientôt, sous leur patronage et à l'ombre de leur prieuré, s'éleva le hameau de Saint-Sulpice. (*Cart.* XXI et XXII.)

A Antogny, sur la rive gauche de la Vienne, une autre chapelle de Saint-Sulpice, entourée de huit *bouées* de terre, devint aussi le centre d'un groupe d'habitations. Pierre, fils d'Achard, pour obtenir le bénéfice des prières de l'abbaye, exempta de toute coutume les hommes attachés à l'exploitation de ce domaine. (*Cart.* XVI.)

Une quatrième église, celle de Saint-Aubin-le-Dépeint, sise à la limite septentrionale de la Touraine, fut aussi concédée à Noyers par Marric de Nouâtre. Cette donation fut confirmée par sa sœur Richilde, et leur père, Guanilon, se chargea d'être l'avoué (*advocatus*) de la donation, c'est-à-dire de la défendre contre toute chicane et toute tentative d'usurpation. (*Cart.* VII.)

III.

L'abbaye de Noyers acquiert une notoriété de plus en plus considérable, et son influence s'étend déjà à une assez grande distance de ses murailles. Un chanoine de Saint-Martin de Tours, nommé Thomas, ne veut pas rester étranger au mouvement religieux qui se manifeste en faveur du monastère naissant. Il donne une maison à Saint-Épain, sa maison dans le cloître de Saint-Martin, sept arpents de vignes près de Tours, et plusieurs autres propriétés à Mondion et à Messemé. Il met cependant à cette donation une clause restrictive : l'abbaye en prendra possession, seulement si son frère Pontius ne contracte pas mariage et meurt sans enfants. En agissant ainsi, le chanoine Thomas remplit les intentions de son père ; car les biens dont il dispose sont une propriété patrimoniale, et il n'entend pas dépouiller sa famille en vue de satisfaire sa dévotion personnelle. (*Cart.* XII.)

Une note, ajoutée à la charte du XIe siècle, nous apprend que ces domaines furent abandonnés en usufruit à un chanoine de Saint-Martin, du nom d'Anstérius. On peut supposer, avec vraisemblance, que c'était un parent ou un ami du donateur. A sa mort, l'abbaye en devint pleinement propriétaire, et eut ainsi une maison dans la ville de Tours, où la défense de ses intérêts l'appelait de temps en temps.

Vers 1055, Marric ou Méry de Pussigny, sa femme Odela et leur fils Adelard, donnèrent au monastère leur moulin de Sauvage. Ce Méry était un simple collibert qui avait acheté ce moulin de ses deniers, et qui s'était ainsi élevé, malgré l'infériorité de sa condition, à la possession d'une propriété presque seigneuriale, car le moulin n'était chargé d'aucune redevance. Mais, comme il était de condition presque servile, il fallut obtenir le consentement de son maître, Anstérius de Nouâtre, et d'Ildeburge, femme d'Anstérius, qui, suivant la loi féodale, avaient le haut domaine sur la propriété de leur affranchi. L'acte de cession eut lieu au moment où le donateur était sur son lit de mort. En récompense, les moines le revêtirent de l'habit monastique et lui promirent d'ensevelir son corps dans le cimetière de l'abbaye. Ce qui montre que telles étaient les conditions de la donation, c'est que le rédacteur de la charte a soin de noter que le mourant put être transporté jusqu'au monastère, et qu'il respirait encore quand on le couvrit de l'habit de saint Benoît. (*Cart.* XV.)

C'était la dévotion du temps, et le Cartulaire de Noyers en rapporte d'assez nombreux exemples. Après avoir mené parfois une vie fort dissipée, des hommes du monde tenaient à mourir sous les livrées de la religion ; le froc des moines leur servait de linceul. Quand ils échappaient à la mort, ils regrettaient quelquefois une résolution prématurée. Plusieurs n'hésitaient pas à garder leur habit de pénitents, et quelques-uns devenaient de vrais modèles d'abnégation, de piété et de régularité.

Un seigneur de Faye-la-Vineuse, nommé Aimery, poussa l'abnégation moins loin, et sur son lit de mort, ayant appelé l'abbé André, il se borna à demander que son corps fût enterré dans le cimetière de Noyers : il donna à cette fin le tiers de tout ce qu'il possédait entre la Vienne et Marmande, notamment à Grizay, avec ses serviteurs et ses servantes, les vignes et les bois, les terrains cultivés et incultes. Comme il ne pouvait aller lui-même déposer sur l'autel de Notre-Dame l'acte de cette donation, on dépêcha plusieurs de ses gens, tant clercs que laïques, pour remplir cette formalité. Le curé de Faye, nommé Algérius, chargé de cette mission, se hâta de se rendre à Noyers, et là, en présence de nombreux témoins, il raconta dans l'église ce qui s'était fait, et déposa l'acte sur l'autel. (*Cart.* XIX et XX.)

Cette donation fut ratifiée par Geoffroy III, dit le Barbu, qui venait de succéder, le 14 novembre 1060, à son oncle Geoffroy Martel, et un peu plus tard par Gui de Noyers, petit-fils de Foulques-Nerra, qui reçut de Geoffroy le bénéfice de Faye, à la mort d'Aimery, sans doute comme tuteur féodal du jeune Aimery.

Pendant la minorité de celui-ci, de graves désordres se commirent en son nom. Ses serviteurs, se jetant sur l'alleu de Charçay, s'emparèrent violemment de la justice et des coutumes, au préjudice des moines, et maltraitèrent les paysans. Le moine qui occupait cette obédience ne fut pas épargné, et eut lui-même beaucoup à souffrir de ces pillards. L'abbé André, ému de ces vexations, prit conseil des religieux, et alla trouver directement le jeune seigneur pour lui porter ses plaintes légitimes. Devant la démonstration des droits du monastère, Aimery le jeune renonça à toutes ses prétentions sur le domaine de Charçay, et déclara ce fief franc et libre de toute charge envers le seigneur de Faye. Il ajouta même un nouveau privilége à la donation précédente. « Si l'un des hommes soumis à ma protection, dit-il, obtient la permission d'habiter sur l'alleu des moines, et ne paye pas au terme convenu le droit de commendise, mon prévôt ne pourra le poursuivre sur le domaine de Charçay, et devra adresser ses réclamations au prieur. Si celui-ci refuse de livrer le débiteur, on ne pourra le saisir qu'en dehors de l'alleu. » Ce privilége fut confirmé par Raoul, Aalon et leur sœur Oda, qui possédaient le tiers de la justice de Faye. Grâce à cette concession, la terre des moines devenait comme un asile sacré, où l'on échappait à la colère du seigneur de Faye. (*Cart.* DCLIII.)

Les domaines du monastère s'agrandirent aussi du côté de Dangé, où Anstérius et sa sœur Milesende donnèrent tout ce qu'ils possédaient, pour récompenser les moines de la sépulture qu'ils avaient accordée à leurs parents dans le cimetière de l'abbaye. Ces alleux n'étaient pas complétement affranchis de toute chicane ; et plusieurs hommes de Châtellerault élevaient sur ces terres des prétentions plus ou moins fondées. Par le conseil de Milesende, l'abbé André transigea, moyennant dix-sept sols, avec les réclamants, et quand il les eut apaisés, il leur offrit la politesse du pain et du vin, *caritatem panis et vini*. (*Cart.* XVII et XVIII.)

IV.

Ce n'étaient pas seulement des terres que l'abbaye recevait de la munificence des fidèles, c'étaient aussi des personnes de condition servile. Ainsi, un chevalier nommé Archambault, du consentement de son frère Renaud, donna aux moines, moyennant une somme de treize sols, un serf avec sa femme et ses enfants; il s'engagea en outre, dans le cas où l'on voudrait troubler les moines dans la possession de ce serf et de sa postérité future, à les rendre indemnes de toute chicane. (*Cart.* x.)

Ces donations de serfs et de colliberts sont assez fréquentes dans le Cartulaire de Noyers. Nous ne nous appesantirons pas désormais sur ces sortes de pièces, qui n'ajoutent rien, pour la plupart, à ce que l'on sait déjà de l'état des personnes au XIe et au XIIe siècle, par une multitude de documents du même genre.

V.

Au temps de l'abbé Evrard, un chevalier, nommé Kadelon ou Cadilon, fils de Hugues Normand, avait donné à l'abbaye toute la terre comprise entre les deux voies antiques qui conduisaient aux passages de la Creuse et de la Vienne, un domaine situé à la *Pierre-Fiche*, et un alleu dans la paroisse de Ports. Après sa mort, son frère Geoffroy renouvela ce don entre les mains de l'abbé André. (*Cart.* IV.)

Cette charte n'est pas seulement intéressante au point de vue topographique, en ce qu'elle nous fait connaître la bifurcation de la voie romaine de Tours aux approches des deux rivières, elle nous indique aussi un de ces singuliers monuments, dits autrefois celtiques ou druidiques, et qu'aujourd'hui on se contente d'appeler mégalithiques, faute d'être bien fixés sur leur origine. Il s'agit ici d'un menhir, et peut-être du menhir de Draché (1).

(1) *Mémoires de la Société archéologique de Touraine*, t. I, p. 56.

Aussi D. Fonteneau traduit-il le mot latin *Petra fixa*, par Pierre-Levée. Il faut voir sans doute un monument de même nature dans la Pierre-Munie *(Petra munita)*, désignée encore sous le nom de *Pierre-Guarine* ou *Pierre-Guérine* (*Cart.* V et VII), laquelle ne doit peut-être pas être distinguée de la *Pierre-Moigni* de Saint-Patrice, donnée à l'abbaye par Guarin. (*Cart.* CCXXVII.)

Sous le gouvernement de l'abbé André, Benoît, prêtre de Pussigny, embrassa la vie monastique à Noyers. Il offrit à l'abbaye, le jour de sa profession, les vignes qu'il possédait, ainsi que les dépendances de sa propriété. Cette acquisition fut complétée plus tard par le don que fit Aldeburge, fille d'Oger Modicus, du cimetière de Pussigny et de ses alentours. (*Cart.* XI, XXXI et XXXVII.)

Ces dons ne méritent pas en eux-mêmes de mention spéciale. Nous en parlons uniquement parce que nos chartes nous apprennent que des ruines considérables *(maceriæ)* existaient dans le cimetière et près du portail de l'église du village. Si ces ruines ont frappé l'attention du donateur et du rédacteur de la charte, c'est qu'elles présentaient un aspect extraordinaire et qu'elles étaient plus importantes que les débris que l'on rencontre si souvent au milieu de nos campagnes. N'oublions pas que Pussigny est situé à une faible distance de la voie antique qui, après avoir franchi la rivière à Ports, devait remonter la rive gauche de la Vienne. Peut-être au XIe siècle y voyait-on les restes d'une villa romaine ou d'un établissement mérovingien.

Cette vague indication ne devait pas être passée sous silence. Les documents historiques du moyen âge, trop souvent, se taisent sur les monuments antiques : c'est à nous de signaler les moindres indications de ce genre échappées à l'oubli et au naufrage des temps.

VI.

Une autre de nos pièces relate un usage commun à ces époques de foi. Aimon et sa femme, de l'Isle-Bouchard, à l'exemple d'Abraham et d'Anne, mère de Samuel (ce sont les expressions de la charte), offrent à Dieu et à l'abbaye de Noyers leur fils Gaultier, encore en bas âge, afin qu'il soit élevé selon la règle de saint Benoît, et passe sa vie dans les pieux exercices de la vie monastique. « Je promets, disait le père, de ne jamais lui fournir l'occasion de sortir de ce lieu et de secouer le joug de la règle, mais de faire en sorte qu'il persévère jusqu'à la mort dans le service de Dieu. » Cette consécration des enfants à une vie plus parfaite que la vie commune, avant même qu'ils eussent atteint l'âge de raison, était inspirée par un sentiment de foi vive. Nous en trouvons de fréquents exemples dans l'Ancien Testament; sous la loi évangélique, cette coutume persévéra longtemps, principalement dans l'ordre de saint Benoît. On a de la peine à la comprendre aujourd'hui. Alors cependant le résultat paraît avoir été heureux, car on entendait la vie autrement que de nos jours, et l'Église ne fut jamais affligée par le scandale de nombreuses désertions.

En même temps que son jeune fils, Aimon donna au monastère la moitié du moulin de *Calcasaccum*, bâti près de l'embouchure de la Manse, en face de l'Isle-Bouchard, et en plaça l'acte sur l'autel. Et pour représenter par un symbole la consécration de l'enfant au service de l'Église, il lui enveloppa la main dans la nappe de l'autel, suivant le rite bénédictin (1), en présence de la mère et d'une foule de témoins accourus à la fête de la Purification. (*Cart.* IX.)

Cette donation, comme nous le verrons plus loin, fut le point de départ d'une création importante sur la rive droite de la Vienne, en face de l'île où s'élevait le château des Bouchard.

Tels sont les faits principaux contenus dans les vingt chartes qui nous ont transmis le souvenir de l'administration du second abbé de Noyers. L'abbé André mourut le 28 novembre, après trente ans de gouvernement.

(1) S. P. BENEDICTI *Regula*, cap. LIX, *De filiis nobilium vel pauperum qui offeruntur*. Patrol., t. LXVI, col. 840.

CHAPITRE III.

L'ABBÉ GEOFFROI.

(1062-1072.)

I.

L'abbé Geoffroi, qui prit le gouvernement du monastère vers 1062, le garda pendant une dizaine d'années. Quarante chartes nous le montrent continuant avec activité l'œuvre de son prédécesseur, et étendant partout autour de lui les possessions et l'influence de l'abbaye.

La pièce XXIII n'a pas en soi une grande importance. Nous avons cru néanmoins devoir la signaler, parce qu'elle donne quelques renseignements relatifs à la transmission de la propriété au moyen âge et à l'établissement du lien féodal. Froger, de Nouâtre, tenait de l'abbé André une vigne pour laquelle il avait servi comme un vassal très-fidèle. A la mort de l'abbé André, Froger, qui n'avait cette vigne qu'à titre précaire, aurait pu en être dépouillé, mais il la reçut de nouveau en fief, de l'abbé Geoffroi, pour le temps de sa vie, et, grâce à cette concession, il devint l'*homme* du monastère. Il n'était cependant pas content de cette faveur, et il fit tant, par ses importunités, qu'il obtint en outre un arpent et demi de vignes à titre viager, à la charge d'y bâtir une maison. Pour les biens dont il jouissait, il devait à l'abbaye le service féodal ; mais, notons-le bien, ses héritiers ne pouvaient réclamer aucun droit de propriété, ni dans la première concession, ni dans les additions consenties successivement ; le bénéfice devait être rigoureusement viager. (*Cart.* XXIII.)

Vers 1064, un nommé Gaultier des Aigrons se reconnut aussi sous la dépendance féodale de l'abbé de Noyers, en recevant à titre de fief une partie du Port de Piles, où il prétendait d'abord avoir acheté un droit de bac. La contestation allait finir par le duel judiciaire, lorsque Gaultier, peu habitué sans doute au maniement des armes, et dont la propriété était probablement mal établie, pour ne pas dire usurpée, proposa lui-même un accommodement. Les moines lui concédèrent la jouissance, durant sa vie, de la propriété dont il avait voulu s'emparer, sans que ses héritiers pussent rien réclamer à sa mort. Ce texte est curieux à noter : *in portu, qui est ad Pilas, propter suum navigium*. Il ressort de ces paroles qu'en cet endroit, où la voie romaine traversait la Creuse, il n'y avait pas de pont, et que les voyageurs étaient obligés de passer la rivière en bateau. Gaultier des Aigrons avait donc grand intérêt à être maintenu en possession d'une partie du port de Piles, et à faire constater son droit d'y entretenir un bac : aussi jura-t-il fidélité à l'abbé, en s'engageant à garder les propriétés du monastère sur la Creuse. Ce fait, assez insignifiant en soi, se relie à tout un ensemble de données archéologiques relatives à la voie antique de Tours à Poitiers. (*Cart.* XXXII.)

Le même Gaultier avait à titre précaire une maison, une terre et des prés situés au delà de la Creuse. Il proposa aux moines de prêter serment de fidélité à l'abbaye de Noyers, à condition que celle-ci lui garantirait la jouissance pleine et entière de ce petit domaine. L'abbé Geoffroi lui accorda en outre, en fief, une somme de 20 sols, et y ajouta quelques parcelles de terre. (*Cart.* XXXIII.)

II.

La charte XXIV vient en confirmation des observations précédentes. Elle a toutefois, dans l'histoire de Noyers, une importance spéciale ; nous y voyons paraître pour la première fois Hugues, seigneur de Sainte-Maure, fils de Goscelin ou Josselin, surnommé *le Poitevin*, et d'Aremburge, un des principaux bienfaiteurs de l'abbaye. Malgré quelques actes d'une grande piété, Hugues n'était pas un homme de facile composition. C'était un chevalier hautain, ambitieux, gâté par la fortune, habitué au succès, craint de ses voisins et même de son suzerain, qui sut néanmoins, en plus d'une occasion, utiliser ses services, mais qui redoutait sa bouillante ardeur et ses résolutions plus généreuses que réfléchies. Hugues eut de graves démêlés avec Raoul, archevêque de Tours, au sujet d'empiétements sur les domaines de la cathédrale. L'archevêque Raoul n'hésita pas. Ne pouvant vaincre l'obstination du seigneur de Sainte-Maure, il porta ses plaintes jusqu'au pape saint Grégoire VII. Celui-ci écrivit immédiatement à Hugues, le citant à comparaître au prochain concile, avec menace, s'il ne s'amendait au plus tôt, de le frapper d'excommunication (1).

Hugues de Sainte-Maure comparut dans un litige, vers l'an 1062, à l'occasion du fait suivant. Archambault le Long avait donné à Notre-Dame de Noyers, entre autres choses, le moulin de Gruteau, à Crissé, avec le consentement de son frère Marran, de qui il tenait en partie cette propriété. Aucun démêlé n'avait existé à ce sujet, jusqu'au moment où Marran rompit avec Hugues de Sainte-Maure dans un accès de violente colère, *cum maxima*

(1) Epistola Gregorii papæ VII :

AD HUGONEM DE SANCTA MAURA.

(Anno 1074.)

Ut injuste retenta Ecclesiæ Turonensis bona archiepiscopo reddat, et, si quid deberi putet, cum ejus nuntio Romam ad synodum veniat, alioquin excommunicandus.

GREGORIUS episcopus, servus servorum Dei, HUGONI militi de Sancta Maura.

Confrater noster Rodulphus Turonensis archiepiscopus conqueritur quod tu bona Ecclesiæ suæ injuste retineas, et neque timore Dei, neque reverentia beati Mauritii, ad justitiam faciendam velis mentem tuam inclinare. Unde apostolica auctoritate monemus, ut, si ita est, de bonis illis dignam satisfactionem prædicto confratri nostro offeras. Quod si fortasse ab eodem archiepiscopo præjudicium tibi fieri claruerit, cum nuntio ad futuram synodum nostram venias, quatenus, utrinque auditis rationibus, unusquisque vestrum proclamationis suæ justitiam consequatur. Quod si huic admonitioni nostræ inobediens fueris, in eadem synodo, ad quam te vocamus, sine dubio excommunicaberis.

Data Romæ decimo septimo kalendas decembris, indictione XIII.

Patrologie de l'abbé Migne, t. CXLVIII, col. 578-579. S. GREGORII VII PAPÆ *Registrum*, lib. II, epistol. XXII.

ira. Nous ignorons quelle fut la cause de la discorde; mais, à dater de ce jour, le seigneur de Sainte-Maure enleva à son vassal tout ce qu'il tenait de lui à un titre quelconque. C'était un acte de basse vengeance; mais, au XIe siècle, la violence et les mauvaises passions avaient souvent plus d'empire que la raison : peut-être n'est-il pas nécessaire de remonter au moyen âge pour être témoin d'une conduite semblable. Poussé à bout et dépourvu de toute ressource, Marran reprit aux moines le moulin de Gruteau, sous prétexte qu'il ne l'avait pas vendu autrefois à son frère, mais qu'il en avait seulement engagé la jouissance pour un temps. Afin de terminer le différend, on tint un plaid. Comme les raisons alléguées de part et d'autre n'étaient pas péremptoires, il fut décidé qu'on aurait recours au duel judiciaire. Selon les termes de la charte, c'était plus qu'un duel ordinaire : c'était une guerre dans laquelle la lutte devait être engagée entre plusieurs combattants, *ex parte S. Mariæ probis hominibus cum domno abbate Goffrido ad bellum paratis*. Au jour marqué, l'abbé Geoffroi s'avança accompagné de plusieurs hommes honorables équipés en guerre. Il paraît que les hommes de l'abbé faisaient bonne contenance, car l'agresseur recula. En présence de nombreux témoins, il déclara qu'il avait soulevé une querelle injuste, et il fit confirmer sa déclaration par sa femme et son fils. Il renonça donc publiquement à ses prétentions; mais ses amis supplièrent l'abbé de Noyers d'avoir pitié de sa pauvreté, *ut ejus paupertatis misereretur*. Geoffroi lui remit 20 sols à titre de don, et on dressa un acte pour assurer au monastère la jouissance paisible du moulin, objet de ce litige armé. (*Cart.* XXIV.)

Ces chevaliers d'aventures, toujours prêts à suivre leur suzerain dans ses entreprises guerrières, n'étaient généralement pas riches, et ne possédaient souvent que leur cheval et leurs armes. En 1069, un de ces hommes d'armes, nommé Gauzelin Aldebert, atteint d'une maladie mortelle et sans espoir de guérison, réclama la faveur de mourir vêtu de l'habit de sainteté, *sanctitatis habitum*. L'abbé de Noyers acquiesça à son pieux désir, et le reçut moine sur son lit d'agonie. Gauzelin acquit ainsi le droit de participer aux fruits des œuvres pies de la communauté. Ses tristes prévisions allaient bientôt s'accomplir. Le mal le conduisit en quelques jours au bord de la tombe. Avant de rendre le dernier soupir, il donna à titre d'aumône tout ce qu'il possédait. Pour tout dire en un mot, sa fortune était celle d'un vrai chevalier d'aventure; l'inventaire n'en sera pas long à dresser. Il possédait un cheval, ses armes, et cent sols que lui devait un seigneur, du nom d'Archambault. Ce dernier, du reste, n'était guère plus riche que son ami. Il acheta dix livres le cheval du défunt; mais se trouvant dans l'impossibilité de payer cette somme, et encore plus de rendre les cent sols légués à l'abbaye, il fit un accord avec les moines : il leur donna en compensation le quart des droits de sépulture dans l'église de Saint-Patrice. (*Cart.* LIX.)

Ce même Archambault, accompagnant Foulques Réchin, comte d'Anjou, au siége du château de Trébas, y fut blessé à mort. L'abbé Geoffroi alla lui porter les dernières consolations de la religion, et fit confirmer par son fils André la donation précédente, à laquelle le monastère attachait un grand prix. (*Cart.* LIX.)

III.

Les chartes LVI et LVII fournissent plusieurs renseignements historiques que nous ne devons pas négliger. Herbert Dars était un brave chevalier, beaucoup plus préoccupé d'expéditions guerrières que de pratiques de dévotion; en cela semblable à plus d'un de ses contemporains. C'était un de ces gentilshommes campagnards, plus fiers que riches, dont les hasards de la guerre formaient la principale ressource. La guerre alors, personne ne l'ignore, consistait à faire le plus de mal possible à ses adversaires, à tuer un peu, à piller beaucoup. Herbert possédait un petit domaine à Draché, près de Sainte-Maure. Vers la fin de sa carrière, las du monde et des agitations du siècle, dégoûté de ce que les hommes appellent la gloire, n'ayant pas d'enfants, Herbert Dars se sentit tout à coup épris d'une vive passion pour la vie pacifique du cloître. Il fit donc des instances auprès de l'abbé de Noyers pour s'enrôler dans la pieuse milice de saint Benoît, cédant à l'abbaye sa villa de Draché, un fief situé entre la Vienne et la Creuse, et une partie du Port de Piles. Son neveu Louis n'était pas entièrement dépossédé : l'oncle assurait au neveu sa part d'héritage en avance d'hoirie.

Le vieux chevalier ne tarda pas à revêtir l'habit monastique. Renonçant pour toujours à la profession des armes, il offrit, le jour de son entrée en religion, son cheval à l'abbaye. C'était le sacrifice suprême de l'homme d'armes, quittant le coursier, témoin et fidèle compagnon de ses luttes, de ses dangers, de ses succès ou de ses revers. Louis regrettait ce noble animal ; il le racheta aussitôt au prix de 40 sols. Il fit également avec le monastère un accommodement, grâce auquel il garda la jouissance, sa vie durant, de tous les domaines cédés à l'abbaye, abandonnant en retour, après sa mort, la moitié du Port de Piles, qui lui appartenait en propre. (*Cart.* LVI.)

Ce fait, comme ceux que nous avons mentionnés précédemment, montre l'importance de ce passage destiné à faciliter la circulation sur une des voies antiques de la Gaule, très-fréquentée au moyen âge. Il nous montre aussi comment les moines savaient, au besoin, sacrifier les intérêts du présent à ceux de l'avenir ; en cela peut-être plus prévoyants que les représentants des communes modernes, qui engagent trop souvent l'avenir au profit du présent.

Ces actes se passaient en 1069. La même année, un autre chevalier, nommé Campelin ou Champelin, étant tombé gravement malade, obtint de l'abbé Geoffroi la faveur d'être transporté à Noyers, afin de participer aux prières et autres bonnes œuvres des religieux. Il espérait, sans doute, par cet acte de foi, recouvrer la santé, grâce à la protection de Notre-Dame, spécialement honorée au monastère de Noyers. Aucun document ne nous fait connaître si ses espérances se réalisèrent ; les donations qu'il fit à l'abbaye ressemblent à des dispositions testamentaires. Il n'avait pas manifesté le désir de prendre l'habit monastique ni d'embrasser la vie claustrale. Il légua son haubert, estimé 25 sols d'or à la couronne ou 50 sols tournois. Il est bon de noter ici qu'un chevalier attachait le plus grand prix à sa cotte de mailles, symbole de sa noblesse, et souvent alors le signe extérieur de l'investiture d'un domaine franc. En outre, en présence de Hugues, seigneur de Sainte-Maure, et de Geoffroi Peloquin, il donna au monastère, sur l'alleu de Messemé, autant de terre que quatre bœufs pourraient en labourer dans les deux saisons. Sa femme consentit aux largesses de son mari. (*Cart.* LVII.)

Puisque nous avons l'occasion de voir un gentilhomme se dessaisir de sa cotte d'armes, nous dirons qu'à cette époque il y eut assez souvent des religieux qui portaient habituellement le haubert sous leurs vêtements. C'était un instrument de mortification plus pénible que le cilice commun. Le contact du fer sur la peau et le poids de cette armure causaient à la longue une gêne et une fatigue extraordinaires ; ce qui explique l'admiration excitée plus tard par le courage et la persévérance de saint Dominique l'*Encuirassé*.

IV.

L'attention des moines, dans leurs acquisitions, se portait particulièrement sur leur voisinage immédiat. Un chevalier de Nouâtre, nommé Achard, entrant dans leurs vues, leur donna un demi-quartier de terre aux Fontaines, le jour où il offrit son fils au monastère ; et lui-même bientôt, quittant les délices du monde pour entrer dans le cloître, abandonna pour sa profession la terre de Chanda. (*Cart.* XLVII.)

Cette terre dépendait du fief de Sulion, fils de Téac des Roches. Sulion, à la prière de l'abbé Geoffroi, consentit à ratifier la donation d'Achard, et il le fit dans le palais de l'archevêque de Tours, le jour que tous les abbés du diocèse s'y trouvaient réunis pour l'élection de l'abbé de Saint-Genoulph. Cette pièce nous révèle incidemment l'existence, vers l'année 1065, d'une abbaye tourangelle du nom de Saint-Genoulph, dont il n'est pas resté de traces dans nos annales ecclésiastiques, à moins qu'il ne s'agisse ici de l'abbaye de Saint-Genoulph au diocèse de Bourges, qui aurait alors dépendu de nos grandes abbayes de Touraine.

Les moines ne surveillaient pas avec moins de soin la rivière de Vienne, pour s'emparer des écluses que les petits seigneurs du voisinage y établissaient à plaisir, soit pour y placer des moulins, soit pour y percevoir des droits de navigation. En 1065, ils acquirent ainsi, partie par donation, partie à prix d'argent, une écluse bâtie par les frères Gosbert et Engelbert. Cette propriété était chargée d'une cuisse de vache de redevance et de quatre deniers de cens. Le vendeur modéra la redevance en faveur de l'abbaye, et déclara se contenter désormais de quatre deniers et d'une chandelle. (*Cart.* XXXVIII.)

Deux ans après, le monastère obtint un autre présent du même genre. Gui de Nevers, seigneur de Nouâtre, avait reçu de Foulques Réchin un serf, nommé Hubert, avec sa femme, ses cinq enfants et tout ce qu'il possédait. De concert avec son maître, Hubert avait bâti un moulin, probablement sur bateau, et l'avait placé dans un canal de la Vienne qui appartenait à l'abbaye. Sur les réclamations des religieux, Gui de Nevers leur donna le serf avec toute sa famille, et renonça à tous ses droits sur le moulin en litige, à la seule condition d'être enterré honorablement dans leur cimetière. Les quatre fils de Hubert s'appelaient : Bernard Vasluns, Renaud Popos, Gosbert Damnus et Adelard ; et leur sœur, Rainerdis Joquet. Dans cette énumération, nous voyons déjà paraître les noms, encore individuels, qui deviendront bientôt des noms de famille. (*Cart.* L.)

V.

Les églises étaient encore, aux yeux des moines, des propriétés plus précieuses, parce qu'elles leur permettaient d'exercer directement leur ministère spirituel. En 1062, l'abbaye acheta l'église de Razines avec toutes les maisons qui en dépendaient. Le suzerain, Gaufridus, fils de Fulcrade, ratifia cette acquisition pour obtenir *le bénéfice du monastère*, c'est-à-dire la participation spirituelle à toutes les bonnes œuvres des religieux, et l'abbé Geoffroi lui donna en outre le mulet qu'il avait coutume de monter. (*Cart.* XXV.)

L'année suivante, Archambault, fils de Thibault, donna à Notre-Dame de Noyers tous les droits qu'il avait hérités de son père sur l'église de Pussigny. Cette donation était en réalité une vente, puisque Archambault reçut en compensation une somme de 60 sols, et que sa femme eut pour sa part une vache et son veau. Cet acte nous a semblé mériter une mention, parce que nous voyons peu à peu l'abbaye acquérir la possession de toutes les églises paroissiales du voisinage. En outre, les conditions de cette cession rappellent la simplicité des mœurs patriarcales. La femme d'Archambault agit plus sagement que celle de Brisehaste qui, plus mondaine sans doute, avait reçu une robe de fourrures dans une circonstance analogue. (*Cart.* XXX.)

VI.

Mais la création la plus importante fut celle d'une nouvelle paroisse à l'Isle-Bouchard. Par cet acte, qui demanda plus d'un effort, l'abbé Geoffroi mit en quelque sorte le sceau à toute son administration.

Possesseurs du moulin de *Calcasaccum* et de domaines voisins, à l'embouchure de la Manse, les moines songèrent à établir une *cella*, petit oratoire à l'usage des religieux que les intérêts de la communauté appelaient fréquemment en ce lieu, et à l'usage des serfs qui cultivaient leurs terres. C'est ainsi que les choses se passaient ordinairement, et c'est ainsi que sont nées bon nombre de nos paroisses rurales.

Pour favoriser ce louable dessein, un homme noble de Montbazon, nommé Hubert Petrosilus ou Persil, donna à Noyers toutes les coutumes qu'il tenait de son suzerain Bouchard dans toute la châtellenie de l'Isle, c'est-à-dire une poule de redevance par chaque feu, avec un denier, un pain et la dîme du blé ; tous les nouveaux habitants qui viendraient s'établir sur les terres de l'abbaye ou sur celles d'Hubert, devaient acquitter les mêmes coutumes. Pour cette concession, le donateur stipula simplement que son anniversaire et celui de sa femme Agnès seraient célébrés perpétuellement par les moines, et que leurs noms seraient inscrits au martyrologe. Bouchard, seigneur de l'Isle, confirma cette donation ; mais comme il ne savait pas écrire, il se contenta de tracer un signe de croix sur la charte, à la vue de nombreux témoins, entre autres Hubert, curé d'Ismantia, petit bourg qui s'élevait sur le bord de la Vienne, à l'embouchure de la Manse *(Ismantia)*; Horlandus, archiprêtre; Guillaume, chapelain, et Hugues, prévôt. (*Cart.* XXXVI.)

Avec l'église, il fut question bientôt de construire un bourg. A peine ce dessein fut-il connu, qu'une pieuse femme, nommée Odile, céda avec empressement à l'abbaye de Noyers une terre située entre les trois chemins de Chinon et de l'Isle-Bouchard, près de la Manse, avec tous les cens et coutumes, pour faciliter l'érection d'une église et l'établissement d'un bourg. Ces deux expressions indiquent assez qu'il s'agissait de la création d'une nouvelle paroisse. La disposition des lieux, après huit siècles écoulés, nous permet de reconnaître sans difficulté le terrain concédé par Odile, du consentement de ses trois fils Aimeri, Girard et Thibault, et de ses deux filles, Lizine et Umberge. Tels sont les premiers bienfaiteurs, on pourrait dire les véritables fondateurs de la partie de la ville de l'Isle-Bouchard située sur la rive droite de la Vienne. (*Cart.* XL.)

Les donateurs se réservèrent le quart des droits de sépulture de la future église, le quart des offrandes des quatre grandes fêtes, la moitié du bénéfice curial *(junioratus)*, une maison dans le faubourg, dont ils devaient payer le cens aux moines, et la moitié du four banal; en compensation, ils accordaient à l'abbaye des droits équivalents dans leur église de Crouzille. En outre, leur entrée en religion, s'ils se décidaient à cet acte de piété, leur sépulture et leur anniversaire, ne devaient leur imposer aucun nouveau sacrifice.

Cette fondation, du reste, fut approuvée par Bouchard, seigneur de l'Isle, et suzerain des terres concédées : la charte porte sa signature, c'est-à-dire une simple croix, ainsi que celle du comte Foulques Réchin et de plusieurs autres témoins.

La même année 1065, Rainald, prêtre de l'Isle-Bouchard, donna ses maisons et ses vignes à l'abbaye ; elles étaient sans doute nécessaires à l'exécution du projet conçu par les moines. Ulric légua un four et plusieurs maisons sur le marché de l'Isle. Geoffroi Fuel et son neveu Bouchard consentirent à cette cession, et, comme don personnel, ils abandonnèrent les droits et coutumes qu'ils y pouvaient prétendre. Il faut noter que ce consentement fut accordé en présence d'un grand nombre de témoins devant le pont de l'île, *ante pontem Insulæ*. (*Cart.* XLI et XLII.)

Le terrain n'était pas encore libre, tant la propriété était alors grevée de mille servitudes. Guillaume, fils de Guicher, céda une ouche pour la construction de la même église ; mais comme son père était né serf de Bouchard, qui l'avait affranchi, aucune partie de son bien ne pouvait être aliénée à un titre quelconque sans l'autorisation du seigneur ; ajoutons que le cens de ce morceau de terre appartenait aux enfants d'Ivon, de Tavent. Toutes les difficultés étant levées de ce côté, les moines de Noyers s'adressèrent à Foulques, comte d'Anjou et de Touraine, qui accorda son consentement. Enfin, ils obtinrent de Barthélemy, archevêque de Tours, la permission de bâtir une église en l'honneur de saint Gilles. L'archevêque bénit trois pierres qui furent posées dans les fondations de l'édifice ; cette bénédiction de trois pierres de petite dimension est un fait assez peu connu. Voici donc la date précise, 1067, selon D. Fonteneau, ou 1069, selon D. Housseau, de la construction d'une des plus curieuses églises romanes de notre pays. (*Cart.* LI.)

Personne, à la lecture de cette charte intéressante, ne manquera de remarquer les détails, curieux sous plusieurs rapports, qui s'y trouvent relatés. C'est comme le procès-verbal de naissance d'une paroisse nouvelle. On y voit les premières tendances et comme de vagues aspirations à l'établissement d'un centre d'intérêts, aussi indépendant que les temps permettaient de le constituer. Ne l'oublions pas : la paroisse fut un progrès considérable vers les libertés municipales ; la paroisse est la forme primitive et comme l'embryon de la commune. Les possesseurs du sol étaient loin sans doute, sous l'empire de la féodalité, de prévoir les transformations de l'avenir ; mais le progrès est la loi du monde, et nous sommes heureux de le constater : l'Église s'est montrée constamment favorable aux améliorations sociales.

La fondation du prieuré de Saint-Gilles entraînait forcément des concessions de la part des seigneurs féodaux. En bâtissant une église et un bourg, les moines faisaient une œuvre éminemment populaire. Aussi, quelles conséquences voyons-nous apparaître immédiatement ? Le seigneur de l'Isle exempte de toute charge militaire les hommes qui se construiront une maison près de Saint-Gilles. Ils ne seront pas contraints « de marcher contre l'ennemi, ou de prendre part à aucune bataille, à moins qu'il ne faille défendre le château du seigneur. » Outre cet avantage, fort appréciable à une époque d'agitations et de luttes continuelles, Bouchard concéda l'établissement d'une foire qui pourrait durer trois jours avant la fête de saint Gilles (1er septembre), et trois jours après. Les intérêts temporels marchaient parallèlement aux intérêts spirituels. Ce fait nous trace, en abrégé, l'histoire de la création d'un grand nombre de communes en Touraine.

Quelques autres personnages moins importants contribuèrent aussi à l'érection de la nouvelle paroisse. En 1068, Geoffroi, fils d'Adeleime, mari d'Amberge, ratifia les dons de sa femme, et abandonna aux moines le quart des sépultures de l'église de Crouzille et le quart du produit des quatre fêtes, pour recevoir les mêmes privilèges dans l'église Saint-Gilles, alors en cours de construction. Un peu plus tard, il se fit moine à Noyers, et, pour sa profession, il légua sa terre de Crouzille. (*Cart.* LIV et LV.)

L'église Saint-Gilles de l'Isle-Bouchard s'éleva dans les meilleures conditions, sous la direction de l'abbé Geoffroi, et, peu de temps après sa construction, il fallut l'augmenter au nord d'un bas-côté pour recevoir les fidèles de la nouvelle bourgade. C'est une œuvre d'architecture des plus remarquables, et elle mériterait, en raison de son âge bien déterminé, une étude approfondie qui nous fixerait sur l'état d'avancement de l'art en Touraine vers le milieu du XIe siècle (1).

CHAPITRE IV.

L'ABBÉ RAINIER.

(1072-1080.)

I.

L'abbé Rainier, qui succéda à l'abbé Geoffroi vers 1072, ne nous est connu que par un petit nombre de chartes. Il acquit quelques propriétés à Faye-la-Vineuse et à Guenay, près de Razines, et soumit à la direction du monastère les deux églises d'Abilly et de Sepmes.

L'église d'Abilly « fut donnée à Dieu et à Notre-Dame, *dedit Deo et Sanctæ Mariæ,* » avec la dîme et tout ce qui lui appartenait, par Geoffroi Fouchard, du consentement de son frère Aimeri. La formule que nous venons de citer, et qui se rencontre dans presque toutes les chartes, mérite d'appeler un moment notre attention. Quelques archéologues, obéissant d'ailleurs à des considérations très-élevées, ont prétendu que l'homme ne pouvait jamais être *donateur* à l'égard de Dieu, puisqu'il tient tout de sa libéralité; la seule expression qui convienne en pareille circonstance, a-t-on ajouté, est celle de *donataire,* puisque, même quand nous semblons donner, c'est toujours nous qui recevons en grâces et en bénédictions. Cette réflexion nous paraît plus subtile que fondée. L'Eglise, plus indulgente, n'a jamais admis une interprétation aussi absolue; bien plus, dans la plupart des titres de nos grandes abbayes, elle a consacré, en quelque sorte, par la bouche des évêques, des abbés et des saints,

(1) Voyez, à ce sujet, les notes de M. DE COUGNY, dans son *Excursion en Touraine,* insérée au tome XXXV (1869) du *Bulletin monumental* de M. de Caumont.

une formule diamétralement opposée, en permettant de dire des donateurs : *dedit Deo et Sanctæ Mariæ.* (*Cart.* LXVI.)

Employant la même formule, un homme noble de Sainte-Maure, nommé Goscelin, donna aussi à Dieu, à la sainte Vierge et aux moines de Noyers, tout ce qu'il possédait dans l'église de Sepmes, c'est-à-dire la moitié du droit curial *(junioratus)* et de toutes les oblations, la sépulture de ses hommes et la moitié de tous les revenus de l'église, excepté les coutumes, les relevailles, les baptêmes, les charités *(caritatibus)* et les absolutions, qui appartenaient au fief sacerdotal : enfin il ajouta à sa donation l'offrande du seigneur, de sa femme et de leur prévôt, aux jours des grandes solennités. Ces détails nous montrent à quel point la société civile avait envahi le domaine ecclésiastique, et combien il était temps que le grand pape saint Grégoire VII vînt rétablir l'ordre si profondément troublé. (*Cart.* LXXII.)

II.

L'action de l'abbé Rainier paraît avoir été neutralisée par les guerres intestines qui déchirèrent notre pays à cette date. De plusieurs des chartes précédentes, on pourrait induire avec vraisemblance que la Basse-Touraine fut très-agitée au milieu du XIe siècle. En voici d'autres qui nous l'indiquent ouvertement.

En 1072, Gui de Nevers assiégeait le manoir d'Effroi d'Ambreria, non loin de Faye-la-Vineuse. Dans le combat, Etienne, fils d'Isembard de Charçay, Jean, son beau-frère, et Étienne, son cousin, perdirent la vie. Peu de temps après, Aimeri, autre fils d'Isembard, éprouva le même sort. Les corps de ces quatre jeunes gens furent inhumés au cimetière de Noyers, et pour leur sépulture la famille donna à l'abbaye un domaine à Charçay. (*Cart.* LXV.)

Vers 1076, une guerre éclata entre les chevaliers de Châtellerault et ceux de Tours. *Contigit eodem tempore bellum fieri inter equites Castri Araldi et equites Turonorum.* Adémar de Baudiment, du parti de Châtellerault, resta sur le champ de bataille, grièvement blessé, dépourvu de tout secours et fait prisonnier par ses ennemis. Les moines le transportèrent à Noyers, et lui procurèrent tous les secours possibles. En mourant, revêtu de l'habit monastique, il donna à l'abbaye son cheval et cent sols que lui devait Foucher, oncle paternel du proconsul Boson. Les religieux profitèrent de cette circonstance pour transiger avec Foucher au sujet du Port-de-Piles, qu'il leur disputait au nom de sa femme Raimfredis, fille de Pierre Achard, et dame de Châtellerault. Jusque-là, l'abbé Rainier avait vainement tenté d'apaiser ce différend, en offrant à Raimfredis de lui racheter le passage : il fut plus heureux cette fois, et, en abandonnant 60 sols à Foucher, et à sa femme le cheval d'Adémar, estimé 20 sols, il obtint la confirmation des droits du monastère. L'acte qui nous fournit ces renseignements fut rédigé le jour de la fête de saint Romain, sous le règne du roi Philippe, Guillaume étant comte de Poitou et Isembert évêque de Poitiers. La charte est, en outre, signée du vicomte ou proconsul Boson, d'Étienne, abbé de Saint-Romain, fils ou frère de Raimfredis, et de plusieurs autres personnages distingués. Ces indications chronologiques nous permettent de fixer la date de cet événement vers l'année 1076. (*Cart.* LXXI.)

III.

La charte LXVII a une importance historique toute particulière. A l'aide du synchronisme, elle nous servira à rectifier une grave erreur de chronologie commise par Chalmel (*Hist. de Touraine*, tom. II, pag. 17). Les noms de Rainier, abbé de Noyers, Geoffroi Fuel, seigneur de l'Isle, Peloquin, fils de Borel, et quelques autres, nous donnent une date comprise entre 1063 et 1076. Aussi Dom Fonteneau place-t-il l'événement dont nous allons parler vers l'an 1074. L'auteur de l'*Histoire de Touraine* s'est trompé d'environ un siècle ; et ce qui montre combien sa chronologie est parfois mal établie, c'est qu'il hésite et même se contredit dans ses notices spéciales sur l'Isle-Bouchard et Marmande. Il a eu certainement connaissance de la pièce historique qui nous occupe, car son récit, sauf quelques détails, et l'introduction du nom de l'abbé Bernier, au lieu de celui de l'abbé Rainier, en est la traduction exacte.

Nous suivons le texte de la charte. Les pièces précédentes nous ont montré combien, à cette époque, la Basse-Touraine fut agitée (1). La plupart des seigneurs, fort turbulents et peu endurants, bataillaient les uns contre les autres. Acharie, seigneur de Marmande, était en guerre avec le vicomte de Châtellerault, Aimeri, seigneur de Faye, et Geoffroi Fuel, seigneur de l'Isle. Ces trois chevaliers, ligués ensemble, unirent leurs forces et ravagèrent les domaines d'Acharie.

Impuissant à leur tenir tête, celui-ci se mit à l'abri derrière les murailles de son château, situé sur un monticule. La résistance ne dura pas longtemps. Les trois guerriers coalisés s'emparèrent du castel de Marmande, le pillèrent, le démantelèrent, le ruinèrent de fond en comble et détruisirent même le monticule sur lequel il se dressait. Du manoir féodal il ne resta pas la moindre trace. Peut-être était-il bâti seulement au sommet d'une motte féodale.

Acharie fugitif alla demander asile à son neveu, le seigneur de Nouâtre. En perdant son château, il n'avait rien perdu de son énergie ; son ressentiment s'aigrit encore et s'échauffa jusqu'à la fureur. A la tête d'une bande d'hommes déterminés, il faisait chaque jour des incursions sur les terres des seigneurs de Châtellerault, de l'Isle-Bouchard et de Faye. La vengeance doublait ses forces et multipliait ses ressources.

Au milieu de ces conjonctures, Peloquin réussit à déposséder Geoffroi Fuel et à s'emparer du château de l'Isle. Acharie, sachant que ses services pouvaient être utiles, profita de l'occasion pour faire la paix avec Peloquin. Dès lors il fixa sa résidence au

(1) Voyez, à ce sujet, une *Notice historique sur Rivière*, par A. Salmon, dans les *Mémoires de la Société archéologique de Touraine*, t. XVII, p. 185.

château de l'Isle-Bouchard. Bâtie dans une île, au milieu de la Vienne, cette forteresse passait pour imprenable. La reconnaissance n'était pas la première vertu de cette noblesse remuante. Nous ignorons sous quel prétexte Acharie porta le fer et la flamme sur le domaine du seigneur de Nouâtre, son neveu et son bienfaiteur. La guerre qu'il faisait ressemblait fort au brigandage. Il sortait principalement la nuit, volait, pillait, assassinait et incendiait. La faiblesse des femmes et l'innocence des enfants ne lui causaient pas la moindre émotion. Une nuit qu'il battait la campagne du côté des monts de Grizay, il surprit dans la maison d'un paysan quelques femmes, proches parentes de ses adversaires. Au lieu de les rançonner et de les laisser libres, il fit aussitôt cerner la maison, plaça des soldats à toutes les issues et, avec une férocité que n'ont pas les animaux sauvages, il y mit lui-même le feu. Quelques-unes de ces malheureuses s'échappèrent et se réfugièrent dans une caverne voisine. Acharie fit allumer un grand feu à l'entrée, et tous y furent étouffés. Les principales victimes furent la sœur de Gautier du Puy, avec ses enfants ; la mère de Bernard, frère d'Hubert du Puy ; et plusieurs autres femmes et enfants.

Cette exécution barbare mit toute la contrée en éveil ; Acharie fut fait prisonnier par son neveu, emmené au château de Nouâtre, chargé de fers et jeté dans un cachot. Le malheur et la solitude portent conseil. La conscience d'ailleurs ne perd jamais entièrement ses droits ; et quand le calme se fait après la tempête, on sent bientôt l'aiguillon du remords. En proie au chagrin, humilié de tant de revers, Acharie se repentit des violences auxquelles il s'était abandonné, et surtout des derniers excès qu'il venait de commettre dans les campagnes de Nouâtre; il tourna ses regards vers Notre-Dame de Noyers. Il s'adressa au vénérable abbé Rainier, pour obtenir de Dieu le pardon de son péché et la paix de ceux dont il avait fait périr les parents. A cette époque, on n'acceptait plus d'argent pour la composition du meurtre ; mais dans chaque famille on se léguait comme un sinistre héritage le soin de venger le sang dans le sang. La religion seule était capable d'apporter quelques adoucissements à ces habitudes cruelles. Les moines de Noyers s'employèrent avec zèle et intelligence à régler ces tristes démêlés. Acharie et ses adversaires comparurent à l'Isle-Bouchard, et signèrent un accommodement. Acharie s'engagea à faire chanter 200 messes pour le repos de l'âme de ceux qu'il avait fait périr dans les flammes, et aussitôt il chargea les religieux de célébrer ces messes dans l'église de leur monastère le plus tôt qu'ils le pourraient.

L'heureuse issue de ces sanglantes divisions, grâce à l'intervention bienveillante des moines, méritait bien sa récompense. Acharie, pour leur témoigner sa reconnaissance, rendit la liberté à trois pêcheurs de l'abbaye, qu'il avait surpris et qu'il détenait en prison. Cette action était la réparation d'une injustice : ce n'était pas un acte de libéralité. Le seigneur de Marmande concéda aux religieux la moitié du port que leur avait donnée précédemment Etienne, sénéchal de Faye, mais dont il avait refusé jusque-là de reconnaître la jouissance au profit du monastère. Ce port, dit la charte, est situé au-dessus de Noyers et vis-à-vis de l'église désignée sous le nom de Ports. Ce sanctuaire est encore aujourd'hui l'église paroissiale du lieu qui porte toujours le même nom.

L'accord entre Acharie et ses adversaires, ainsi que la donation sus-mentionnée, eurent lieu à l'Isle-Bouchard en présence de l'abbé Rainier et du moine Lisiard. Furent témoins : Guillaume *Tira-Prædam*, Bernard des Frênes, Girard, prévôt, Gauthier du Puy, Hubert du Puy et son frère.

Ces détails nous indiquent pourquoi l'abbé Rainier, en faisant confirmer par Étienne le Roux de Châtellerault une donation faite dans son fief par Ermengarde, obtenait de lui la promesse de défendre les colons de ce domaine, situé à Faye, contre toute attaque venant du Poitou. (*Cart.* LXIII.)

Au milieu de ces guerres et de ces dévastations, le monastère de Noyers, envahi peut-être par les deux partis, paraît avoir beaucoup souffert, à tel point que, quarante ans à peine après sa construction, il fallut songer à le restaurer. L'abbé Rainier se mit alors à parcourir les diocèses voisins pour faire la quête en faveur de sa maison, et poussa ses courses jusque dans le Limousin. Il y rencontra un chevalier de Touraine, nommé Maingod, qui lui donna divers cens à Lahaye, et la terre des Quartes, dont le nom devait un jour être immortalisé par notre grand philosophe tourangeau. (*Cart.* LXIX.)

IV.

Tandis que les seigneurs des bords de la Vienne poursuivaient le cours de leurs sanglantes querelles, les moines leur donnaient un nouvel exemple de modération, et leur apprenaient comment on peut vider un différend par les voies ordinaires de la justice. En 1075, l'église Saint-Gilles de l'Isle-Bouchard était achevée. Personne n'avait inquiété les moines de Noyers, lorsque, du temps de l'abbé Rainier, Barthélemy, abbé de Marmoutier, éleva des prétentions sur la propriété du lieu où l'église était bâtie. Pour résoudre la difficulté, on convint de tenir un plaid à Tavent, prieuré dépendant de Marmoutier. Barthélemy ne put venir au rendez-vous, mais il s'y fit représenter par deux religieux, Vivien Brochard et Archambault, fils d'Ulger. L'abbé Rainier, accompagné de Lisiard, de quelques-uns de ses amis et de plusieurs de ses hommes, répondit à l'ajournement fixé. La cause fut débattue et jugée au profit de l'abbaye de Noyers. Afin d'éviter de nouvelles contestations pour l'avenir, Rainier se rendit à Marmoutier. Quand l'abbé Barthélemy eut pris connaissance de ce qui venait de se passer à Tavent, il n'hésita pas à proclamer le droit du monastère de Noyers, à le constater par un titre écrit, et, en signe d'amitié, il donna une chasuble à l'abbé Rainier. (*Cart.* LXVIII.)

Ce Vivien Brochard, dont nous venons de parler, était probablement originaire de Nouâtre. Du moins, vers la même date, nous voyons apparaître un personnage du même nom dans les chartes de Noyers. Étienne de Liners avait donné au monastère la dîme de Choignas, dans la paroisse de Rilly. Ce don fut confirmé par Vivien Brochard, de Nouâtre, du fief duquel dépendait cette dîme, par sa femme et par son fils ; et, pour reconnaître cet acte de bienveillance, l'abbé donna 5 sols à Vivien, une murène à sa femme, et un biscuit à leur fils. Ces petits présents étaient fort usités en pareille circonstance. Malgré leur modicité, ils avaient pour but de transformer un acte purement gracieux au fond, en une sorte d'acte de vente, et de lui imprimer par là un caractère plus irrévocable. Nous en verrons dans la suite de nombreux exemples, dont quelques-uns méritent de frapper par leur singularité. (*Cart.* CXLI.)

D. Fonteneau, dans la classification chronologique des chartes de Noyers, croit devoir limiter à l'année 1080 la prélature de l'abbé Rainier. Nous pensons qu'on pourrait prolonger cette limite de quelques années, surtout à cause du long espace qu'il serait nécessaire d'accorder à l'administration de son successeur ; mais, en l'absence de tout texte décisif, nous nous bornerons à indiquer ici notre doute.

CHAPITRE V.

L'ABBÉ ÉTIENNE.

(1080-1111).

L'abbaye de Noyers fut gouvernée, pendant les dernières années du XIe siècle et les premières années du siècle suivant, par un homme d'un incontestable mérite, l'abbé Étienne, qui assista au concile de Clermont, prit part aux plus grandes affaires de son temps, et exerça une véritable influence dans le monde ecclésiastique et dans le monde laïque. Nous ne le suivrons pas sur ce terrain, et nous nous bornerons à l'étudier par les chartes très-nombreuses, plus de trois cents, qui nous montrent son action dans le rayon du monastère. Dans ce cadre restreint, l'abbé Étienne nous apparaîtra comme un homme d'une grande activité, rachetant les églises et chapelles de son voisinage des mains laïques qui les détenaient, fondant des bourgs, acquérant de vastes propriétés, et rétablissant la paix entre les seigneurs turbulents qui ravageaient le pays. C'est une belle et noble figure, qui nous donne une grande idée du rôle important joué au moyen âge par les monastères.

I.

Le rachat des églises usurpées par des mains laïques est toujours au premier rang dans les préoccupations des moines. Pour eux, une église est un foyer d'influence religieuse et temporelle en même temps, qui attire autour d'un centre commun les malheureuses populations de nos campagnes, et les amène à associer leurs intérêts pour les mieux défendre.

Hubert Pétrosilus ou Persil de Montbazon, que nous avons déjà trouvé au nombre des bienfaiteurs du monastère, voulut lui léguer en mourant un dernier témoignage de sa pieuse libéralité. Atteint d'une grave maladie et ayant perdu tout espoir de guérison, il manda son ami, l'abbé Étienne, et le supplia de lui imposer l'habit monastique, en l'agrégeant à la famille de saint Benoît. En prévision de sa mort prochaine, il donna à l'abbaye tout ce qu'il possédait dans l'église de Marcé-sur-Esves, c'est-à-dire les offrandes de l'église et les droits de sépulture, avec la dîme du blé et du vin, les terres cultivées et incultes qu'il avait dans la même paroisse, les prés, et tous les colliberts et colliberles qui demeuraient sur ce domaine. Agnès, sa femme, était présente, et ratifia cette donation avec son fils Hubert Pétrosilus, et ses filles Sarmannia et Borilla.

Transporté à Noyers, le malade ne tarda pas à recouvrer la santé. Rendu, pour ainsi dire, à la vie, Hubert, après avoir repris ses forces, ne voulut pas quitter le monastère, et vécut sous le froc pendant de longues années. Sa femme continua de rester dans le monde, et fut chargée d'administrer le domaine de la famille. On eut alors sous les yeux un spectacle assez curieux, qui, du reste, n'était pas très-rare à cette époque : une femme veuve, dont le mari n'était pas mort.

Ce qui de nos jours ne paraîtra pas moins étonnant, et montre que les faits de ce genre étaient généralement acceptés, c'est qu'à la mort de Pétrosilus, son fils se présenta au chapitre, en présence de Simon, pour confirmer quelques donations faites par son père et par ses oncles, Ogger et Norbert. (*Cart.* LXXV.)

Cependant, quelques familles faisaient opposition à ces conversions et à ces prises d'habit *in extremis*.

Rainaud, surnommé Fresluns ou Freslon, étant tombé gravement malade à Lahaye, et redoutant le jugement qui suit la mort, convoqua l'abbé Étienne et ses amis. En leur présence, il manifesta l'intention de se vêtir de l'habit monastique. Mais ses amis s'y opposèrent, attendu que sa femme était jeune (*juvencula)*, et ses enfants en bas âge. Le malade céda à leurs instances. Néanmoins, se considérant déjà comme moine, il donna à l'abbaye de Noyers des dîmes situées à Doucé, Avrigny, Marcilly, Nancré et Graillé. Sa femme ne fit aucune opposition à cette largesse, et ses enfants, quoique mineurs, accordèrent leur consentement. (*Cart.* CIII.)

Les amis de Rainaud Freslon en 1083 croyaient avoir de justes raisons pour mettre obstacle à des largesses pieuses qui leur semblaient inconsidérées. Leurs prévisions se réalisèrent. Deux ans après, une charte nous montre un Rainaud Freslon, le même sans doute dont il est question plus haut, dont la femme était de Lahaye, inquiéter les moines de toute manière. C'était de sa part, suivant une charte de 1085, des querelles continues : « *assiduis querelis nos insectari non destitit.* » Il prétendait, entre autres choses, que les moines se rendaient coupables d'usurpation sur ses terres. Exaspéré par tant d'importunités, l'abbé Étienne cita Rainaud Freslon à comparaître au plaid tenu par Gerberge, dame de l'Isle-Bouchard. Ce voisin turbulent, convaincu de l'injustice de ses réclamations, fut condamné à rester tranquille ; pour lui ôter tout prétexte, les moines consentirent à bâtir une maison dont il réclamait la construction sur la terre en litige, sans doute pour en augmenter la valeur. Parmi les témoins qui assistaient au plaid, on nomme : Garnier Maingod ; Geoffroi, fils d'Actilde ; Girard Ivon ; Foucher le Gros et Girald Choète. Ce dernier s'était trouvé à Lahaye, durant sa maladie, et l'abbé de Noyers était le même abbé Étienne qu'il avait fait venir au moment du danger. (*Cart.* cxxv.)

L'acquisition de l'église de Marcé fut complétée en 1086 par le don que firent Hugues Garnaud et son frère Champius de tout ce qu'ils possédaient dans le fief sacerdotal de cette église. (*Cart.* cxxxv.)

C'est probablement à la suite de cette acquisition que les moines firent construire, au commencement du XIIe siècle, l'église de Marcé-sur-Esve. Cette église, en effet, date de cette époque.

Si cette indication n'a pas la précision que désirerait l'archéologue, la pièce LXXX nous fournit un renseignement plus curieux en nous révélant l'existence à la fin du XIe siècle ou au commencement du XIIe (la charte n'est pas datée), de la maison des lépreux près de l'Isle-Bouchard. Les bâtiments et la petite chapelle de ce lazaret existent encore et portent toujours le nom de Saint-Lazare. Ils sont situés, comme toutes les léproseries du moyen âge, à quelque distance de la ville, et se trouvent en face d'un dolmen bien connu et souvent décrit. Les caractères de l'architecture de cet édifice indiquent évidemment la fin du XIe siècle. Rien ne s'oppose à ce qu'on regarde la date approximative de notre document (1080), comme celle du monument curieux que M. l'abbé Bourassé a signalé dans nos *Mémoires*, tome V, p. 91.

II.

Vers l'année 1082, l'église de Savigny en Poitou fut cédée à l'abbaye de Noyers par Renaud de Grandchamp, du consentement de ses neveux Effroi, Aimeri, Jacques et Goslein, telle que Constant, son père, la tenait d'Aimeri, seigneur de Faye. Cette donation comprenait le droit curial, la sépulture, la dîme entière des agneaux et des porcelets de toute la paroisse, et une partie de la dîme du blé. La possession de cette église et la jouissance des revenus de la paroisse étaient entrés dans la famille de

Granchamp en vertu des lois féodales : ce domaine ecclésiastique dépendait du *bénéfice*, c'est-à-dire du fief d'Aimeri de Faye, qui dut ratifier l'acte de cession. (*Cart.* LXXXII.)

En faisant cet abandon, le donateur impose seulement des charges spirituelles, et déclare qu'il agit uniquement dans des vues de piété : si Renaud, son fils, son gendre et ses quatre neveux veulent embrasser la vie monastique, ils seront reçus à Noyers sans apporter une nouvelle dot. Aimeri, qui était clerc, se réserva pourtant la jouissance, sa vie durant, des deux tiers des choses cédées, et il les tint en fief de l'abbé et des moines, avec cette clause que, s'il voulait demeurer dans l'abbaye sous l'habit clérical, sans faire profession, il aurait une portion de pain, de vin et de poisson, comme un moine (1). Pour confirmer cet accord, l'abbé Étienne lui donna un poulain.

A cet arrangement intervinrent de nombreux témoins, entre autres Guillaume, fils de Hugues de Sainte-Maure, Geoffroi Savari, Acarie de Marmande, Bernard *Tue-bœuf*, etc.

C'est ici le lieu de noter que beaucoup de noms propres dans les chartes de Noyers, avant la fin du XIe siècle, sont des noms français. Ainsi, dans la pièce qui nous occupe, nous voyons paraître Hugues Dindels et Hugues Bastard. Parmi les témoins d'autres chartes de la même époque figurent : Étienne *Chillo* ou *Chillols* (*Cart.* XII et passim); — Irvois *Cabruns* ou *Chevron* (XIII) ; — Raynaud *Mansels* (XXII) ; — Gaultier *Poteruns* (XXII), que d'autres pièces appellent en latin *Potironnus* (XXIV et XLV) ; — Eudes *Consolz* (XXX); — *Bigoth* (XXXI, LXXVII et CXLVII), ou *Bigot* (CXXXI); — des Aigrons (XXXII); — Aimery *Pastune* (XXXIII) ; — Ardouin *Gaschet* (XXXIII) ; — Aimery *Burdet* (XXXIV) ; — Renaud *Joquet* (XXXIX) ; — Bernard *Panet* (XLIII) ; — Aimery *Tafet* (XLIV) ; — Boson de *Fornols* (XLV) ; — Étienne *Tosels* (XLV) ; — Aimery *Pourals* (XLVI) ; — Raynauld *Mestivers* (LVIII) ; — Gérard *Brochar* et Renaud *Chotart* (LXII) ; — Matthieu

(1) Saint Benoît permettait chaque jour à ses moines une livre de pain, une hémine de vin (un quart de litre), et deux plats. S. P. BENEDICTI *Regula*, capp. XXXIX et XL. Patrol., t. LXVI, col. 641 et 642.

Pinuns et Pierre *Gaschot* (LXXIV); — Rainald *Senescal* et Gislebert *Barbavant* (LXXV); — Rainald *Frisluns* (LXXVI); — Geoffroi *Foillet* (LXXX); — Huon, Geoffroi et Cadilon *Normandel* (LXXXI); — Eudes *Guttuns* ou *Guiton* (LXXXVI); — Hervise *Chevrun*[5] (LXXXVIII *bis*); — Bernard d'Azay, surnommé *Gaulois* (LXXXIX); — Thibault *Renforcez* ou *Lenforcés* (XCI et CVII); — Umbaud *Butet* et *Maltalens* (XCVI); — Boson *Blanchet* (C); — Aimery *Bucangnes* (CVII); — Roger *Bruns* et Bernard *Mariscals* (CXXXIX), etc., etc.

Il serait aisé d'allonger cette liste et de montrer, par quelques exemples choisis, comment les noms français se dégagent du latin, en conservant encore à cette époque une trace visible de leur origine : tous ces noms sont empruntés à un petit nombre de pièces du XIe siècle.

III.

L'église Saint-Pierre de Druye, avec toutes ses dépendances, c'est-à-dire le droit curial, les offrandes de l'autel et les biens, à l'exception de la dîme, fut donnée à l'abbaye de Noyers par Eudes Mestivers, sa femme Mascia, et sa belle-mère Rahait. Le bourg de Druye fut compris dans la donation, avec le cens et les coutumes qu'on percevait sur les habitants; mais les moines payèrent pour cet objet dix livres d'écus, et offrirent en outre à Mascia une fourrure de vair doublée de soie rouge. Cet acte fut confirmé, en qualité de suzerain, par Payen de Chinon ou de Mirebeau (il porte les deux noms dans notre charte), sa femme Belucia, et leur fils Jean. Sur le point de mourir, Mestivers revêtit l'habit religieux, et donna aux moines toute la dîme du domaine qu'ils labouraient à douze bœufs. Ce nouveau présent fut contesté, il est vrai, par Geoffroi Senegon, du chef de sa femme Mabile, fille de Mestivers; mais le prieur de Druye trouva moyen de l'apaiser et lui fit accepter pour son désistement trente sols avec une vache et son veau. (*Cart.* CCCLII.)

Vers la même époque, un différend s'éleva entre Goscelin et les moines du prieuré de Druye, au sujet d'une terre qui leur avait été léguée par un certain Landry. L'accord se fit en présence de Payen, curé de Druye, et de Tescelin, prévôt du même lieu, et l'acte qui mettait fin au procès fut déposé sur l'autel de Saint-Pierre. (*Cart.* LXXIX.)

Puisque nous rencontrons ici le nom d'un prévôt, *præpositus*, il n'est pas inutile de dire un mot du rôle et des fonctions de ces officiers, que les abbayes établissaient dans leurs principaux domaines.

Dans l'administration si compliquée du moyen âge, le prévôt avait une juridiction assez étendue. Originairement, il remplissait le rôle d'avocat dans les causes contentieuses; il ne tarda pas à faire les fonctions de juge dans les procès d'importance secondaire. Il présidait à toutes les affaires litigieuses, ecclésiastiques ou séculières ; il rendait des sentences arbitrales, et parfois il jugeait, au fond, d'une manière définitive. Le plus habituellement le prévôt s'occupait uniquement des biens temporels, ce qui contribua à donner à ses attributions la plus grande importance. Il était toujours, à la vérité, à la nomination de l'abbé, qui devait prendre l'avis des religieux les plus graves et les plus expérimentés. Mais, en plusieurs circonstances, les laïques usèrent de violence pour usurper les attributions de la prévôté. Comme ses relations avaient lieu avec les tenanciers de l'abbaye, le prévôt s'arrogea une puissance qui était, dans le principe, une simple délégation, une simple commission. La coutume étendit ses attributions, qui devinrent à la fin absolues et héréditaires, comme la plupart des charges du moyen âge. La prévôté fut considérée comme un fief, relevant de l'abbé comme un véritable domaine : elle s'exploitait d'après des droits reposant sur l'usage et des réglements particuliers.

En 1082, la prévôté du territoire de Noyers appartenait à un nommé Benoît. Son oncle, Robert Candelarius, l'avait d'abord eue en fief de Marran ; et après la fondation de l'abbaye, le fils de Robert l'avait reçue également en fief de l'abbé Évrard. Quant à Benoît, il déclarait l'avoir reçue de son cousin par droit héréditaire, *jure hereditario*, et la tenir en fief de l'abbé André et de ses successeurs. On voit par là que le prévôt était un véritable personnage, non-seulement à cause de l'importance de ses fonctions, mais surtout en raison de l'inamovibilité de son titre. (*Cart.* CI.)

L'importance de la prévôté nous est révélée par une autre charte. Un nommé Burcard avait donné à l'abbaye tout ce qu'il possédait du côté de sa mère, en ne se réservant que l'usufruit de la moitié de son héritage. Pour le récompenser, l'abbé Étienne l'investit de la prévôté de Saint-Gilles, telle que l'avait possédée avant lui Rainerdus, premier mari de sa femme. S'il se comportait bien à l'égard des moines, il aurait tous les droits attachés à son titre par la coutume et par les concessions des abbés ; mais s'il commettait quelque forfait contre l'abbaye, il serait mis à l'amende, et en cas de refus de payement de cette amende, dépouillé de son office. C'était, comme on voit, une véritable investiture à titre inamovible, puisque le titulaire pouvait toujours échapper par l'amende aux conséquences de ses fautes. (*Cart.* CCLVII.)

IV.

A la même époque, une autre église paroissiale fut cédée au monastère de Noyers. (*Cart.* XCVIII.) Cadilon, fils de Boson *de Corniolis*, éprouva coup sur coup les pertes les plus cruelles dans sa famille ; la mort lui enleva son père, sa mère et ses deux frères aînés, Raoul et Boson ; son troisième frère, nommé Pierre, avait embrassé la vie monastique à Notre-Dame de Noyers. Vivement affligé, Cadilon se rendit à l'église de Noyers et voulut donner à cette abbaye l'église de la Roche-Clermault pour le repos de l'âme de ses parents. Il mit comme condition à sa donation que les noms de son père, de sa mère et de ses frères seraient insérés au martyrologe de l'abbaye. Avant de faire cette cession, il avait obtenu le consentement de Foucher et d'Ainard, qui avaient épousé ses sœurs. Parmi les témoins nous comptons le chanoine Effroy ; Amalvinus ; Robelinus ; Geoffroy de Volort. Garnier Maingot donna son consentement à l'Isle-Bouchard, en présence de Boson, vicomte de Châtellerault, d'Adémar de Cursay, de Geoffroi Savari, de Foubert de Luiens et de Geoffroi Bérard. Cette pièce ne manque pas d'importance : on y voit paraître plusieurs personnages distingués dont la présence peut servir à fixer la chronologie.

La donation de l'église de la Roche-Clermault fut complétée un peu plus tard par Effroi David. (*Cart.* CCXXV.)

Deux ans après, Ulger de Breis donna aussi à l'abbaye tout ce qu'il possédait dans les églises de Manthelan, c'est-à-dire le fief sacerdotal et tout ce qui appartenait à ces églises, sauf la sépulture, avec les dîmes de la paroisse, dont il avait le tiers, et le droit de chauffage dans sa forêt.

Le droit de sépulture de la même église fut concédé ensuite à Noyers par Raoul Segoin de Montbazon, qui demanda pour toute récompense d'être agrégé, ainsi que sa femme, au bénéfice des prières et des bonnes œuvres du monastère. (*Cart.* CCCIV et CCCXLV.)

Vers le même temps, le droit de sépulture de l'église de Poisai-le-Joli, et la dîme des agneaux, des porcs et de la laine, échurent aux moines par l'abandon que leur en fit Guanilon, fils de Hugues de Châtillon. L'abbé Étienne, en récompense, lui fit présent d'un cheval valant 40 sols. (*Cart.* CXXIII.)

Les églises de Saint-Martin-du-Sablon, de la Tour-Saint-Gélin, de Courcoué, de Rilly et de Sairres en Poitou, et une chapelle située près de Nouâtre, furent aussi concédées à Noyers. Nous ne nous appesantirons pas sur ces donations spéciales, dont les actes ne nous présentent aucune particularité remarquable. (*Cart.* CLXXV, CCCXLII, CXCV, CCXXXVI et CXXX.)

V.

Il n'en est pas de même de quelques autres donations dont les titres offrent un véritable intérêt, parce qu'ils nous font pénétrer plus intimement dans les mœurs et dans les usages de cette curieuse époque.

Telles sont les chartes relatives à l'église et au bourg de Saint-

Patrice, sur les bords de la Loire. Mathée, fils de Gislebert Le Roux, qui était en procès avec les moines, se désista de ses prétentions, et reconnut à l'abbaye la possession complète de l'église, de ses droits curiaux (*ecclesiasticos ritus*), de tout le cimetière, des coutumes qu'on percevait sur les habitants qui demeuraient dans le cimetière, la justice, les cens, les droits de vente, les dîmes, etc. Mathée ajouta à ce don les haies qui formaient la clôture du cimetière et des terres des religieux, avec un bois, un jardin et une saulaie. Pour reconnaître ces bienfaits, les moines promirent à leur bienfaiteur de le recevoir gratuitement dans leur monastère, ainsi que son fils, s'ils désiraient embrasser la vie religieuse ; et, dans le cas où Mathée mourrait au loin, ils s'engagèrent à aller chercher son corps et à l'enterrer dans leur cimetière, pourvu que cette course ne dépassât pas la journée d'un cheval. Cet accord fut sanctionné par Engelran de Saint-Patrice, Barthélemy, seigneur de l'Isle-Bouchard, sa femme Girberge, Robert de Blo, sa femme Ersendis et leur fils Peloquin, qui exerçaient, à des titres divers, un droit de suzeraineté sur les biens concédés par Mathée. (*Cart.* XCIII.)

Les moines ne tardèrent pas à concéder à leur tour une partie des coutumes qu'ils percevaient sur le bourg de Saint-Patrice. Ils abandonnèrent au sergent Landry la moitié de la vente du pain, de la dîme du vin, et de toutes les portions qu'on levait sur les animaux abattus ; ils y ajoutèrent toutes les coutumes qui pesaient sur sa propre maison, excepté le cens et le droit de vente. Landry devait posséder tous ces droits en fief, sa vie durant, et en rendre le service féodal à l'abbaye. (*Cart.* XCIV.)

Malgré la donation de Mathée, il paraît que les moines ne possédaient pas dans toute son intégrité le bénéfice de l'église de Saint-Patrice, car Albéric, fils de Rahard, leur céda, pour le repos de son âme, sa part des cierges de ladite église ; détail singulier, et qui nous montre jusqu'à quel point s'étendaient les invasions des laïques dans le domaine ecclésiastique. Cette charte fut signée à Tours, au temps de l'abbé Étienne et de l'archevêque Raoul, fils de Fulcrade de Langeais, ce qui en fixe la date à l'année 1085 au plus tard. (*Cart.* CXXIX.)

Des détails du même genre se retrouvent dans la plupart des pièces qui concernent la restitution des églises à l'autorité ecclésiastique. Lambert de Lahaye, étant gravement malade, appela près de lui l'abbé Étienne, et sollicita la faveur d'être enterré parmi les moines. Pour reconnaître ce privilége, il abandonna à l'abbaye tout ce qu'il possédait à Pussigny dans le fief de Hubert Le Roux, c'est-à-dire le quart des offrandes de l'autel, des droits de sépulture et de la dîme du blé, avec la moitié de la dîme du vin et les places qu'il possédait dans le cimetière. Il céda également un setier de froment qu'il percevait chaque année sur le clerc Adémar pour lui avoir accordé la liberté; mais il ne voulut pas affranchir les fils et les filles d'Adémar, et il les donna tous à l'église de Noyers. Nous rencontrons ici un fait très-intéressant, et qu'il importe de signaler. Un homme sort du servage et embrasse la cléricature, mais tous ses enfants demeurent dans la servitude, et la même famille se trouve partagée en deux groupes étroitement unis par les liens du sang, mais profondément séparés par la condition sociale. (*Cart.* CCLXVI.)

A Marcilly, Guy, fils de Sulion, abandonne également l'église, c'est-à-dire tout le droit curial (*junioratus*), toutes les offrandes de l'autel, le revenu de l'église, le bourg, la justice, toutes les redevances perçues sur les habitants, la moitié des produits de la solennité le jour de la fête de sainte Madeleine, et la moitié du four banal. Il autorise en même temps les moines à déplacer sa maison, qui était attenante à l'église, mais à la condition de la reconstruire un peu plus loin avec les mêmes matériaux et dans les mêmes dimensions. (*Cart.* CCXC.)

L'église de Razines fut aussi cédée à l'abbaye de Noyers par Amalvinus, qui prétendait la posséder par droit héréditaire, avec le *junioratus* du prêtre, les offrandes, les revenus, la sépulture, les dîmes et une ouche près de l'église, pour y établir des habitations. (*Cart.* CCCXLIV.)

Le lecteur se demande peut-être ce qu'il faut entendre par le *junioratus* ou fief sacerdotal. La charte CCXCVIII va nous l'apprendre. Goscelmus de Sepmes, étant tombé malade, fit venir l'abbé Étienne, et lui donna tout ce qu'il possédait dans l'église de Sepmes, à l'exception du fief sacerdotal, dont il fait l'énumération suivante : le prêtre, le jour de la Toussaint, a le tiers des pains offerts et deux deniers pour la messe ; le clerc a seulement un denier et un cierge ; — le jour de Noël, mêmes droits respectifs pour chaque messe ; — le jour de saint Étienne, toute l'offrande est pour le curé ; — le jour de l'Hosanna, le curé quête à la croix, et garde tout le produit de la quête ; — le Vendredi-Saint, toute l'offrande des paroissiens, quand l'office est commencé, est pour le curé ; — le jour de Pâques, quatre deniers pour les deux messes ; — les oblations des seigneurs de Sepmes et de leurs familles appartiennent également au prêtre, ainsi que les bénédictions nuptiales, les baptêmes, les confessions, les relevailles;—les jours de fêtes des saints et les dimanches, le curé n'a qu'un denier pour la messe. Tels sont les droits du fief sacerdotal. (*Cart.* CCXCVIII.)

Encore une fois, n'est-il pas étrange de voir de pareils droits sortir des mains ecclésiastiques pour appartenir à des gens du monde? La réforme de si graves abus était urgente, et on ne saurait trop féliciter l'abbé Étiennedel'avoir poursuivie avec tant de persévérance.

VI.

L'église d'Antogny appartenait aussi à plusieurs laïques. Simon de Nouâtre en avait une partie, qu'il donna à l'abbaye ; Acharie de Marmande, en vertu de quelques droits prétendus, exerça la saisie sur ce fief, et le disputa aux moines de Noyers ; Ervisus Cabruns, qui le revendiquait de son côté, l'abandonna aux religieux, avec les terres cultivées et incultes qui en dépendaient, les dîmes et les eaux, en un mot tout ce qu'il possédait dans la paroisse, à l'exception de ses maisons. Geoffroi de Coime et sa femme, après avoir soulevé quelques difficultés, ratifièrent cette donation importante. (*Cart.* CLVI, CCXI, CCXII et CCCLXXVIII.)

Acharie finit lui-même, malgré ses violences habituelles, par reconnaître les droits du monastère. L'abbé Étienne sut le toucher, lorsque l'intraitable seigneur de Marmande perdit son épouse Élisabeth et voulut la faire enterrer dans le cimetière des moines. Ce jour-là, tout entier à sa douleur, Acharie sentit le besoin de réparer ses injustices et de les racheter par quelques œuvres pies. Outre l'église d'Antogny, il céda à Noyers l'église de Nancré avec tous ses revenus et toutes ses dépendances, le bourg qui entourait l'église, la justice du lieu, et les redevances perçues sur les habitants actuels et sur ceux que les moines pourraient y attirer. (*Cart.* CCLXXVIII.)

A Champigny-sur-Veude, autre restitution du même genre. Un homme noble de Chinon, nommé Robert, fils de Gauslin de Blo, donna à Noyers l'église Notre-Dame de Champigny, avec son *junioratus*, les offrandes tant de l'autel que du prêtre, en pains, en chandelles, en écus ou en oboles, toute la sépulture et tous les revenus de la paroisse. Ce don fut fait par Robert et par sa femme Ersende uniquement pour l'amour de Dieu, dit la charte, et pour la rédemption de leurs âmes. (*Cart.* CCXLIX.)

Ces généreux bienfaiteurs ne s'en tinrent pas là, et pour doter plus convenablement le religieux qui devait desservir la paroisse de Champigny, ils ajoutèrent à leur première aumône un four banal, le droit de prendre du bois dans leur forêt, les chênes exceptés, pour l'usage du four et de la maison du moine qui devait occuper cette obédience, un moulin et la pêche de la rivière de Veude. La dotation de la cure fut complétée par l'abandon de toutes les dîmes, tant en blé qu'en vin et bestiaux, que fit Hugues Rigaud, du consentement de son suzerain Robert de Blo. Tous les anciens droits ecclésiastiques de Champigny rentrèrent ainsi dans des mains ecclésiastiques. (*Cart.* CCLV et CCLXIV.)

L'église d'Abilly passe sous la dépendance de l'abbaye par des moyens semblables. Une noble femme de Loudun, nommée Ameline, épouse de Geoffroi Fulcrade, donne à l'abbé Étienne la moitié du droit curial, des offrandes et de la sépulture de cette église, du consentement de tous ses enfants, heureux de contribuer à cette bonne œuvre avec leur mère. (*Cart.* CCXLIII.)

L'influence de l'abbaye s'étend jusqu'à Châtellerault. Un homme noble de cette ville, nommé Adémar de Cursay, étant gravement malade, mande l'abbé Étienne, et se fait transporter par ses soins jusqu'au monastère de Noyers, où il revêt l'habit de saint Benoît. Près de mourir, il lègue aux moines une église qu'il possédait à Châtellerault, construite sous le vocable de Notre-Dame, près de l'église Saint-Romain, avec tout ce qui en dépendait ; les donataires ne pouvaient entrer en jouissance de cette église qu'à la mort de Pierre Gaultier, archidiacre de Poitiers, et de son frère, qui devaient en jouir leur vie durant. Ce don fut fait en présence du proconsul Aimeri, de son frère Bcson et de leur mère Hélie de Chauvigny. (*Cart.* CL.)

L'abbaye de Noyers ne se bornait pas à reprendre aux laïques les anciennes églises, elle se chargeait aussi volontiers de bâtir des églises nouvelles. A la fin du XIe siècle, il n'y avait point encore d'église au village de Port-de-Piles, et nous apprenons par la charte CLXXVI que toute la pointe comprise entre la Creuse et la Vienne, près du confluent, dépendait de la paroisse d'Antogny, et par conséquent du diocèse de Tours. Urie de Nouâtre, sur le point de mourir, légua aux moines la moitié de ce qu'il possédait au Port-de-Piles, et de plus la terre d'Airan ou d'Arand, pour y construire une chapelle. En reconnaissance, les religieux lui donnèrent l'habit monastique sur son lit de mort, l'ensevelirent dans le cimetière de l'abbaye, lui rendirent, contre leur coutume, tous les devoirs pieux qu'ils avaient coutume de rendre à un moine profès, et inscrivirent son nom dans leur martyrologe-obituaire. (*Cart.* CXV.)

Cette donation, d'abord ratifiée par Salatiel, frère d'Urie, fut ensuite contestée par lui. Gosbert, gendre d'Urie, voulut aussi intenter un procès en revendication ; mais bientôt tous deux, cédant à de meilleurs conseils, se désistèrent de leurs chicanes, et les moines purent élever, au Port-de-Piles, une chapelle (1)

(1) La chapelle Saint-Nicolas de Port-de-Piles demeura, jusqu'à la Révolution, un simple prieuré de l'abbaye de Noyers, sans avoir le titre paroissial. Le prieur avait la charge de dire la messe le dimanche avant l'aurore, sans doute pour ne pas détourner les habitants de la fréquentation de leur propre église. La chapelle de Port-de-Piles ne fut érigée en paroisse qu'en 1846; elle ne sert plus au culte depuis 1861, époque de la construction d'une nouvelle église. (Lettre de M. l'abbé Pasquier, curé de Port-de-Piles, à M. l'abbé Bourassé.)

qui devint le noyau d'une agglomération plus considérable. (*Cart.* CXIX.)

VII.

Un des prieurés les plus importants de l'abbaye de Noyers fut celui que l'abbé Étienne fonda au hameau de Buxière, sur la rive droite de la Vienne, entre les Ormes et Dangé, grâce aux libéralités des seigneurs de Marmande.

Acharie de Marmande, dans un des bons jours où il se préoccupait de son salut, donna au monastère de Noyers, pour la rédemption de son âme, l'alleu qu'il possédait dans la villa de Buxière, les eaux de la Vienne, le rivage et le port, la justice et le droit de seinage sur tous les pêcheurs, en un mot, tout ce qui dépendait de l'alleu, tant en terres qu'en eaux, et toutes les coutumes qu'il possédait à l'occasion des quatre foires de l'année et du marché du samedi. L'abbé Étienne, en recevant cette libéralité, offrit au donateur, à titre gracieux, une paire d'éperons dorés, et remit cinq sols à sa femme. (*Cart.* CCCLXII.)

Ces petits présents étaient fort en usage à cette époque, et nous en trouvons de fréquents exemples dans nos chartes. Pour les chevaliers, c'était une cuirasse, une épée, ou un de ces casques qu'on appelait alors des heaumes, *galeam, quam nos vulgo* helmum *vocamus;* pour les jeunes gens, un poulain ou une arme de guerre ; pour les dames, un objet de toilette, ou bien une vache et son veau, suivant les goûts mondains ou sérieux des personnes ; pour les enfants, une miche ou un biscuit. (*Cart.* CCXXXIV et CCCLXVIII.)

La charte que nous venons d'analyser est datée de l'an 1068. Nous relevons cette date avec beaucoup de soin, parce que nous voyons figurer parmi les témoins, Bouchard, frère d'Acharie, Simon, leur neveu, Oger et Hervé de la Motte, Aimery de la Touche, Raoul de Marmande, et beaucoup d'autres séculiers. L'âge de ces personnages étant bien fixé, nous pouvons, grâce à la concordance, connaître l'âge de leurs contemporains.

Quelque temps après, Bouchard de Marmande, ayant été grièvement blessé dans un combat, et sentant la mort approcher, fit venir près de lui les moines de Noyers, et, en présence de nombreux témoins, légua au monastère tout ce qu'il possédait dans l'alleu de Buxière, c'est-à-dire la chapelle de ce lieu avec la terre qui en dépendait, l'eau, le port, la justice et toutes les coutumes. Les religieux, l'ayant revêtu de l'habit monastique, l'ensevelirent dans leur cimetière. Ce don fut ratifié par Acharie, frère de Bouchard, leur sœur aînée Sophise, et ses quatre enfants, Adelelme *Queue-de-vache*, Urie, Salatiel et Simon, et leur autre sœur Audierdis Cana, épouse de Gaultier Tinnosus ou le Teigneux. (*Cart.* CCCLXXV.)

Les deux fils de ce dernier, Geoffroi et Rainald, étant parvenus à l'âge viril, disputèrent aux moines l'alleu de Buxière. Pour terminer ce différend, on réunit dans un plaid à la Guerche un certain nombre de nobles hommes qui se prononcèrent unanimement en faveur des droits de l'abbaye. Geoffroi et Rainald refusèrent de se rendre à cette sentence et continuèrent leurs chicanes. Leur but, comme il est facile de le voir, était d'arracher un peu d'argent aux religieux. L'abbé Étienne, sentant le côté faible de ses compétiteurs, leur offrit cent sols *in caritate*, et les deux plaideurs, satisfaits, se hâtèrent de ratifier les donations de Bouchard et d'Acharie. Cet arrangement se fit en présence de nombreux témoins, parmi lesquels nous distinguons Barthélemy de l'Isle, Ervisus Cabruns et Gaultier Poteruns.

L'abbé Étienne profita de leur bonne volonté pour régler une autre querelle, au sujet de la terre que les moines tenaient, au Port-de-Piles, des deux frères Goscelin Boteth et Garin, dans le fief de Geoffroi et de Rainald. Quand Goscelin commettait quelque forfait ou refusait quelque service féodal à ses suzerains, ceux-ci envahissaient aussitôt la terre occupée par les moines et leur faisaient subir cent vexations. Moyennant un présent de vingt sols, ils s'engagèrent à n'exiger des religieux que le simple droit de terrage, et à ne plus leur faire subir les conséquences des fautes de Goscelin.

Les libéralités de Bouchard de Marmande furent bientôt complétées par celles d'Acharie. Celui-ci renouvela, en faveur de l'abbaye, le don de tout ce qu'il avait à Buxière, et y ajouta trois morceaux de terre à Dangé, et sur la rive gauche de la Vienne, un terrain pour bâtir une maison destinée à recueillir les hommes et les ânes qui viendraient aux moulins. Pour toutes ces libéralités, Acharie se réserva le droit de revêtir l'habit de saint Benoît dans le monastère de Noyers, s'il voulait se faire moine, s'engageant, d'ailleurs, à ne jamais embrasser la vie monastique dans une autre maison; s'il mourait sous l'habit séculier, il demanda à être enterré dans le cimetière de Noyers, avec les devoirs religieux qu'on rendait à un moine profès; les moines devaient aller chercher son corps au lieu où il mourrait, quand bien même ce serait à plus de trois journées de marche du monastère. On voit par ce détail que le seigneur de Marmande attachait un grand prix à être enseveli au milieu de la pieuse congrégation de Noyers. (*Cart.* CCCLXXVII.)

En faisant cette donation, Acharie s'était réservé l'usufruit de la moitié de l'écluse de Buxière. Quand il eut perdu sa femme Élisabeth, il trouva qu'il avait fait trop peu pour sa mémoire, en donnant à l'abbaye l'église de Nancré, et bientôt il ajouta à cette première aumône l'usufruit qu'il avait réservé, avec ses droits sur la Vienne, les moulins et le droit de seinage sur tous les pêcheurs de la villa de Buxière. (*Cart.* CCCLXXXVIII.)

Entre les mains de l'abbé Étienne, la villa de Buxière (car ce n'était pas une paroisse) ne tarda pas à prendre de l'importance, et devint un lieu de passage très-fréquenté pour les voyageurs ou marchands qui se dirigeaient du Poitou sur la Touraine par le Port-de-Piles, ou réciproquement.

Pour favoriser ce mouvement, Boson, proconsul de Châtellerault, accorda à l'église et à la villa de Buxière le privilége d'un chemin royal, *viam regiam*, et affranchit de toute coutume les hommes de l'abbaye, en leur imposant seulement l'obligation de défendre contre toute agression les hommes du proconsul qui viendraient chercher un refuge chez eux; en dehors de leur bourg, ils ne devaient aucun service de cette espèce. Cette obligation entraîna la clôture du bourg et sa mise en état de défense contre un coup de main. (*Cart.* CCCLXIII et CCCLXXIV.)

Le développement rapide du village de Buxière, provoqué par ces priviléges, n'avait pas tardé à créer des difficultés avec le prêtre de Dangé, qui en était le curé. Pour prévenir un procès, on établit d'un commun accord les droits respectifs des moines et du curé. Après la mi-carême, le curé de Dangé devait venir à Buxière confesser et absoudre les habitants, et il avait la moitié de tous les dons faits à cette occasion. Le jour de Pâques, il chantait d'abord une messe dans sa propre église, puis il venait à Buxière chanter une seconde messe et communier le peuple, suivant la coutume, moyennant quoi il recueillait la moitié des offrandes ; les autres offrandes de toute l'année appartenaient aux moines. Si un malade désirait recevoir les sacrements, il envoyait chercher le curé de Dangé à son église ou à sa maison, pas plus loin, et le curé, sauf empêchement majeur, était tenu de se rendre à cet appel, pour avoir le droit de recueillir la moitié des dons du malade; de même, il devait venir avec sa croix faire la levée des corps pour les inhumer, et, avant l'inhumation, le procureur des sépultures devait indiquer la place de la fosse et en marquer les dimensions. Cet accord, dont nous ne donnons que les points principaux, réglait ainsi rigoureusement les droits et les devoirs du curé de Dangé dans la villa de Buxière. (*Cart.* CCCLXXVI.)

La prospérité de ce village excita bientôt la cupidité d'Acharie de Marmande, qu'on doit cependant regarder comme un des bienfaiteurs de Buxière. Malgré les lettres du proconsul Boson, il voulut exiger des passagers un droit de péage sur la Vienne. L'abbé Étienne, avec sa prudence et son habileté ordinaires, sut l'apaiser par le don d'un haubert, et régla avec lui quelques points litigieux sur les droits de rivière. Ainsi constitué, le hameau de Buxière prit une importance qu'il a conservée jusqu'à nos jours. (*Cart.* CCCLXXIX.)

VIII.

Pendant que l'abbaye de Noyers étendait ainsi son influence spirituelle par la conquête pacifique des églises paroissiales du voisinage, elle étendait aussi son influence temporelle par l'acquisition de vastes propriétés et par la fondation de nouvelles bourgades.

Un grand seigneur de la fin du XIe siècle, Ervisus Cabruns, que nous voyons comparaître comme témoin dans beaucoup de chartes, voulut aussi lui-même marquer à l'abbaye les sentiments de bienveillance dont il était animé à son égard. Il lui donna la maison qu'il possédait dans le village d'Azay-le-Chétif, le verger adjacent avec ses fontaines, sept maisons de paysans, ses prés situés sur l'Indre et sur l'Indrois, une *modiée* de terre, le four banal et tout le bourg, avec le cens qui en dépendait. Ce don fut ratifié par ses deux fils Gosbert et Pollard, par sa bru Denise, fille de Hugues de Sainte-Maure, et par toutes les parties intéressées, auxquelles les moines payèrent, à titre gracieux, de nombreuses compensations en argent. (*Cart.* CCXLI et CCXLII.)

A la mort de Denise, ces premiers dons furent confirmés et augmentés par la famille Cabruns, qui voulut établir, à perpétuité, un moine dans la maison d'Azay, et fonder ainsi un prieuré. Les religieux acceptèrent avec empressement cette condition. La présence d'un moine était d'ailleurs devenue indispensable, à cause de l'importance du territoire concédé, et du nombre d'habitants qui vivaient sur le domaine de Cabruns. C'est ainsi que le bourg d'Azay, qui formait déjà une paroisse, vit s'élever un nouvel établissement religieux, qui contribua sans nul doute à son développement.

Il en fut de même à Lahaye. Les moines y possédaient déjà quelques propriétés, entre autres des rentes sur le moulin qui était au pied de la tour du château (*Cart.* LXXIV); mais ce n'était encore là qu'un petit domaine. Un des meilleurs amis du monastère, Gaultier Poteruns, homme d'une grande sagesse et d'un dévouement sans bornes pour l'Église de Noyers, donna aux moines la terre qu'il possédait à Lahaye, pour y établir un bourg, avec un four pour l'usage des habitants. Tout à côté se trouvait une autre terre d'une contenance semblable, appartenant à Atzon de Loches; mais comme Gaultier Poteruns la revendiquait judiciairement, les deux rivaux s'accordèrent pour en faire présent à Noyers, dans le but de donner plus d'extension au bourg projeté. Ces concessions furent autorisées par Hugues de Sainte-Maure, son fils Hugues et sa bru Cassamota, Goscelin de Sainte-Maure, la femme et les enfants d'Atzon, qui approuvèrent les coutumes et les priviléges accordés aux futurs habitants de la nouvelle bourgade. (*Cart.* CCLXIX.)

Ces biens provenaient d'un certain Albéric, beau-père de Geoffroi Peloquin. Celui-ci, après la mort de Poteruns, réclama la terre vendue par Albéric, et chercha querelle aux moines. L'abbé Étienne ne voulut pas abandonner sans combat une si belle propriété, qui venait de recevoir un accroissement notable par la fondation d'un bourg, et, accompagné d'un grand nombre d'amis, il se présenta au plaid que Hugues de Sainte-Maure tint à Lahaye pour cet objet. Le droit des moines fut reconnu et proclamé par le suzerain. Mais, dit le bon moine qui rédigea la charte, comme Geoffroi Peloquin était à redouter à cause de sa richesse et de sa puissance, et qu'il y avait tout intérêt à le ménager, on lui accorda bénévolement la moitié de la portion qu'il réclamait. Un peu plus tard, Peloquin consentit à restituer à l'abbaye le domaine qu'il lui avait arraché. C'est encore à la diplomatie de l'abbé Étienne que fut dû cet heureux résultat. L'abbé voulut bien abandonner son mulet à Peloquin, au moment de son départ pour Rome, et grâce à ce présent fait opportunément, le redoutable seigneur renonça à ses prétentions.

La ville de Lahaye doit donc en partie sa naissance à l'action du monastère de Noyers. Avant la donation de Poteruns et d'Atzon, il y avait sans doute quelques maisons groupées autour du château ; mais cette agglomération devait être peu importante, puisque le but principal des donateurs était la fondation d'un bourg.

IX.

A l'Isle-Bouchard, les moines s'occupaient aussi d'affermir et d'améliorer la position déjà considérable qu'ils y occupaient.

Girberge, dame de l'Isle, leur accorda la franchise complète du marché de son château, soit pour l'achat, soit pour la vente. Ce privilége n'était pas à dédaigner, en raison de toutes les charges qui pesaient sur les transactions. (*Cart.* CXLII.)

Barthélemy, seigneur de l'Isle, sa femme Girberge et leur fille Dangerosa, abandonnèrent à Noyers tous leurs droits sur la terre de Crulé, à l'exception de la femme d'un paysan nommé Ramier, qu'ils prétendaient être leur colliberte. Cette donation paraît avoir eu une certaine importance, si nous en jugeons par les présents que l'abbé crut devoir offrir aux bienfaiteurs du monastère : Barthélemy eut 70 sols, sa femme 60, et leur fille 2 pièces de monnaie. Quant à la terre de Crulé, elle avait été donnée aux religieux par Effroi, chanoine de Saint-Georges de Faye. (*Cart.* CXLIII.)

Le consentement de Barthélemy fut accordé, nous dit la charte, sous l'ormeau de la place qui est devant la tour de l'Isle. Nous trouvons là un ancien témoignage relatif à ces ormeaux sous lesquels on rendait la justice au moyen âge (1), et une indication, précieuse au point de vue de la topographie, au sujet de la tour du château de l'Isle, dont plusieurs autres chartes font aussi mention. (*Cart.* CXLIII et CCLXXXIV.)

Barthélemy étant très-favorablement disposé pour l'abbaye de Noyers, l'abbé Étienne en profita pour lui faire confirmer toutes les libéralités précédemment accordées au monastère par son père Archambault, son oncle Bouchard, son frère André Peloquin, et le fils d'Ivon. Cette confirmation embrassait les terres de Saint-Patrice, de Cheviré et de Chavagnes, et, ce qui était beaucoup plus important, tout le domaine de l'Isle, la chapelle Saint-Gilles avec les biens qui en dépendaient, le bourg élevé autour de l'église et les coutumes perçues sur les habitants. Dans ces temps de troubles, où la propriété était si mal affermie, il était bon de faire ratifier les donations antérieures par les nouveaux suzerains, et cette précaution ne mettait pas toujours à l'abri de chicanes intéressées. (*Cart.* CCXXXII.)

(1) Voir, à ce sujet, un curieux mémoire de M. FRANCISQUE MICHEL, intitulé : *Attendez-moi sous l'orme*, *dissertation sur un ancien proverbe*, dans le recueil des *Mémoires lus à la Sorbonne* en 1867 ; *Archéologie*, p. 167.

Bouchard, fils d'Ivon de l'Isle, avait donné aux religieux de Noyers toutes les redevances qu'il percevait dans leur bourg de la Manse, à Saint-Gilles, avec la justice et le haut domaine. L'abbé Étienne, qui craignait de voir troubler ces précieuses prérogatives, les fit confirmer par le neveu de Bouchard, Peloquin, la seconde année de son installation dans la seigneurie de l'Isle. Cette confirmation eut lieu sous le portique de Saint-Pierre, église de l'Isle-Bouchard, que nous voyons mentionnée deux ou trois fois dans notre cartulaire. (*Cart.* CXX et CCLXII.)

X.

Un homme noble de l'Isle-Bouchard, nommé Savary de Bossée, avait été longtemps absorbé par les soucis du siècle; mais plus tard, s'occupant avec plus de soin de son salut, il se lia étroitement avec les moines de Noyers. Une année, il vint célébrer chez eux la fête de Noël et partager leur joie spirituelle; le lendemain, il se présenta au chapitre, demanda le *bénéfice* du monastère, et sollicita la faveur d'être traité comme un moine. Les dons qu'il faisait en même temps à l'abbaye expliquent comment il était digne d'un privilége assez rarement accordé. En effet, il avait abandonné aux religieux tout le domaine de Montigny, landes et terres cultivées, prés et bois, et les colliberts, avec tout le fief qu'il tenait d'Aimeri de Faye, entre Faye et la Vienne, excepté les habitations des soldats; il y ajouta la dîme de Cheviré et la moitié de la dîme du moulin qu'il possédait sur la Manse, près de Saint-Gilles. (*Cart.* CXX.)

Un peu plus tard, Savary résolut de renoncer au monde, et, laissant à son frère Geoffroy Savary sa maison et son titre seigneurial (*honorem suum*), il vint à Noyers se mettre sous la discipline de l'abbé Étienne et revêtir l'habit monastique. Son frère Geoffroy s'empressa de ratifier toutes ses donations.

A Magné, les moines firent aussi une acquisition importante. Eudes de Nouâtre leur devait 440 sols, somme énorme pour l'époque. Pour s'acquitter, il leur céda ce qu'il possédait à Magné, c'est-à-dire une ferme de quatre bœufs en toute propriété, et la jouissance à moitié de toutes les autres terres et landes, prés et bois de ce domaine. La charte exprime les conditions de cette jouissance : les deux parties pourront mettre dans la forêt leurs porcs seigneuriaux, sans se payer réciproquement le droit de pasnage, mais ce droit sera exigé de tout autre usufruitier ; si les colons que les moines se proposent d'attirer possèdent des bœufs, ils serviront à Eudes et aux moines, par moitié, le droit accoutumé de charriage ; enfin, si Eudes veut vendre la moitié qu'il s'est réservée, l'abbaye aura le droit de préemption. (*Cart.* CLXXXVIII.)

XI.

Ces grands domaines, où nous voyons figurer constamment des landes et des terres incultes, ne demeuraient pas inutiles entre les mains des moines. Ils se hâtaient d'y appeler des colons auxquels ils abandonnaient, moyennant de faibles redevances, des terres à défricher, et constituaient ainsi des hameaux et des bourgs. Nos chartes nous en apportent d'assez nombreux exemples, et ce n'est pas là un des côtés les moins curieux de l'histoire de Noyers.

Le bourg d'Antogny leur doit ainsi sa création. Les moines possédaient déjà sur ce point des propriétés assez importantes, lorsque l'église leur fut donnée par deux nobles hommes de Nouâtre, Ervisus Cabruns et Simon, fils d'Adralde, qui avaient succédé à Guanilon dans la seigneurie de son père Malran. A ce premier don ils ajoutèrent un terrain assez vaste pour construire un bourg, avec la justice et toutes les coutumes de ce bourg, quatre *bouées* de terre, deux arpents de vignes abandonnées, une écluse sur la Vienne pour y bâtir un moulin, la pêche qui dépendait du fief de cette écluse et la terre adjacente, afin d'y semer des lins et des chanvres pour la confection des filets. Si les moines peuvent établir une foire le jour de la fête de saint Vincent, ils en auront les redevances, ainsi que de tous les autres marchés ; les droits de péage sur les marchands de la Vienne sont également accordés à l'abbaye ; mais les habitants (*burgenses*) d'Antogny en seront exempts; enfin, une carrière est accordée pour la construction des maisons.

Ces avantages, il ne faut pas en douter, étaient de nature à séduire les hommes laborieux qui cherchaient à se faire une position meilleure. Ils trouvaient à Antogny, à des conditions fort douces et presque gratuites, des terrains et des matériaux pour leurs maisons, des landes à défricher, un moulin et la pêche dans le fief du moulin, la franchise des péages en long et en travers, et surtout une église où ils allaient chercher un refuge et des consolations. Une colonie dut bientôt répondre à l'appel des religieux, et le bourg d'Antogny fut fondé. (*Cart.* CXCVII et CCCLIV.)

En faisant cette donation, les bienfaiteurs imposèrent quelques conditions pécuniaires; mais, par un sentiment délicat, ils eurent soin de déclarer que l'église avec tous ses revenus, le cimetière et la sépulture étaient abandonnés gratuitement, et ils ne firent peser les conditions d'argent que sur les choses vénales. De plus, Ervisus Cabruns réclama le privilége d'être inhumé par les moines, et rapporté par eux dans leur cimetière, en quelque lieu qu'il mourût.

Hugues de Potheis et ses frères Geoffroi et Girard, désireux de contribuer aussi à la prospérité de l'abbaye, lui donnèrent aux Granges, sur le bord d'un ruisseau appelé *Rivus petrosus* ou Ruau Persil, autant de terrain que quatre bœufs pourraient en labourer dans toutes les saisons, et quatre arpents de terre pour bâtir les maisons des moines et fonder un hameau, avec la justice et les droits accoutumés sur les colons qu'ils y installeraient.

Cette nouvelle colonie des moines de Noyers était située sur la paroisse de Noyant. (*Cart.* CLXXXIV.)

A Torcé, sur les bords de la Veude, les moines achetèrent trente arpents de terre, au cens annuel de seize deniers, et reçurent quatre arpents, en pur don, de Geoffroi, fils de Rainelme, et de Rainelme, fils de Bouchard. Ils eurent soin de stipuler que, s'ils voulaient y fonder un bourg, toutes les coutumes leur en appartiendraient sans contestation. (*Cart.* CCXXX.)

Oger de la Motte, fils d'Anstérius, leur abandonna aussi au Sauvage huit arpents de terre pour faire un bourg, avec le ruisseau de Bonosse, les marais et les prés qui en étaient voisins. L'abbé Étienne, pour être agréable au bienfaiteur, lui fit présent d'un cheval sous poil fauve, qui avait été acheté 50 sols à Angers, avant qu'il ne jetât ses dents. La donation du Sauvage fut confirmée par Herbert et Agnès, frère et sœur d'Oger, le jour qu'on enterra à Noyers leur mère Aldeburge. (*Cart.* CCXCXI.)

A Noyers même, où il existait déjà un bourg autour du monastère, un second bourg se formait dans le voisinage. Le principe de cette fondation fut dû à un simple boucher de Noyers, nommé Renard, qui se voyant proche de la mort, donna à l'abbaye sa maison et une ouche qu'il avait près du verger des moines. Ceux-ci, dans le but de fortifier l'agglomération qui enveloppait leur monastère, délaissèrent cette ouche à quelques habitants, pour y bâtir des maisons, à la charge de payer un cens annuel pour ces constructions. Les revenus qui en provinrent furent appliqués au bénéfice du chapelain de Noyers, nommé Urry. Ce chapelain était vraisemblablement le prêtre chargé de desservir l'église particulière à l'usage des habitants du bourg, laquelle n'avait point encore le titre de paroisse. (*Cart.* CLXV.)

XII.

L'année 1083 doit prendre une place importante dans nos fastes archéologiques : c'est la date de l'établissement du bourg de la Celle, et probablement de la construction ou de l'agrandissement de l'église paroissiale. Deux cousins, le premier, nommé Hugues, fils de Guillaume de Saint-Auteur ; le second, nommé Herbert, fils de Geoffroi de Saint-Auteur *(de Sancto Autore)*, possédaient une terre non loin du Port-de-Piles. Ce domaine provenait de leur patrimoine et relevait à titre de fief de Zacharie, seigneur de Marmande. Ils en donnèrent une partie au monastère de Noyers pour le repos des âmes de leurs parents et dans l'espérance des récompenses éternelles. La limite de cette donation fut réglée ainsi : depuis l'endroit où aborde le bateau au Port-de-Piles et où les passagers prennent pied, jusqu'à une terre appartenant aux religieux nommés plus haut, en longeant un sentier. Cette donation comprend ce qui se trouve entre le sentier et la Creuse, c'est-à-dire les prés, la terre cultivée et inculte, les fontaines, plus la moitié de la rivière. Sur le trajet du sentier, qui n'était autre alors que le chemin public, ils ajoutèrent trois arpents de terre pour y bâtir un bourg, qu'ils déclarèrent à l'avance libre de tout *droit de coutume*. Ils y mirent cette seule condition, que les moines commenceraient à construire le bourg dès qu'ils auraient obtenu le consentement de Zacharie, jusqu'à la fin de la même année. Afin de rendre cette convention plus ferme, on fit intervenir les mères, encore vivantes, des deux bienfaiteurs, ainsi que Gaultier, surnommé Hiésus, beau-père de Hugues, qui avait possédé cette terre, comme c'est la coutume, dit le titre original, aux beaux-pères d'avoir le droit d'usage, au nom des fils de leurs femmes, nés en premières noces. La cession comprenait également les droits d'un collibert de cette terre, nommé Halaard Pastellus.

Le prieuré de la Celle-Saint-Avent prit, en peu de temps, sous l'administration de l'abbé Etienne, des proportions plus considérables. Le moine Gimon, qui en était le prieur, acheta les dîmes de la paroisse, dont un certain Ganilon était propriétaire. Un autre seigneur, Richard Morsel, s'en empara de vive force et les donna à Hugues Garnaud. Ce larcin, qui devait dépouiller l'abbaye, ne servit au contraire qu'à lui gagner une propriété de plus ; car Garnaud, reconnaissant le bon droit du monastère, restitua les dîmes, et de plus abandonna aux moines tous ses biens et sa personne même, s'engageant à ne revêtir l'habit monastique nulle autre part qu'à Noyers, si un jour il désirait se faire moine. (*Cart.* CLXXIX.)

Vers la même date, Archambault Bodin de Sainte-Maure céda à l'abbaye un morceau de terre qu'il possédait près de l'église de la Celle, ne réclamant d'autre récompense que d'être reçu comme moine à Noyers, s'il en exprimait le désir, ou enterré honorablement dans le cimetière des religieux. Ce terrain était dans le fief de Geoffroi Peloquin. Comme Peloquin était alors malade dans sa maison à Sainte-Maure, l'abbé Étienne députa vers lui un de ses moines, avec la politesse du pain et du vin, *cum caritate panis et vini*. Bodin et le moine, venant donc trouver le suzerain, lui offrirent le présent de l'abbé, et sollicitèrent de lui la ratification de la donation. Peloquin, sa femme et son fils Hugues y consentirent volontiers ; et, prenant un petit morceau de bois, comme représentation sensible de leurs droits, ils le mirent dans la main du moine, et le chargèrent d'aller le porter à l'abbé Étienne. Détails curieux, qui nous montrent que la vente ou le don n'était pas regardé comme effectué, s'il n'y avait pas eu une tradition réelle de l'objet, ou, tout au moins, une image de cette tradition. (*Cart.* CLXXXIII.)

Quant à l'église de la Celle, elle appartenait alors à deux propriétaires, Guarin de Fontenelles et Lonus de Loches, qui s'en partageaient les revenus par moitié, et, circonstance digne de remarque, chacun d'eux avait son prêtre pour *exploiter* cette étrange propriété, que sans doute ils avaient affermée. De meilleurs sentiments prévalurent chez eux, et ils songèrent à suivre le grand mouvement qui tendait de toutes parts à faire sortir les droits ecclésiastiques des mains laïques. En conséquence, après s'être concertés entre eux et avoir obtenu l'assentiment de leurs femmes, ils donnèrent aux moines de Noyers tout le droit curial de l'église de la Celle avec la terre de l'autel, c'est-à-dire la terre qui appartenait à ce que nous appelons aujourd'hui la fabrique. (*Cart.* CCXXII.)

Ils ne s'en tinrent pas là; et, désireux de contribuer à l'établissement du bourg fondé par les libéralités de la famille de Saint-Auteur, ils cédèrent à l'abbaye la dîme des brebis, des agneaux, des porcs, du lin et du chanvre, sur tous les hommes qu'elle pourrait attirer des autres paroisses dans le nouveau village de la Celle; mais ils interdirent aux moines la faculté d'appeler ainsi des hommes dépendant des donateurs, c'est-à-dire de Guarin et de Lonus, sous peine d'avoir à restituer les coutumes qu'ils en percevraient indûment. (*Cart.* CLXXXV.)

Lonus, sur le point de mourir, voulut revêtir l'habit de saint Benoît, suivant une dévotion fort commune en ces temps de foi ; et, quand il eût été fait moine, il ratifia les donations précédentes, et les fit ratifier à sa femme Cana et à son fils Pierre. Celui-ci suivit peu de temps après l'exemple de son père, et, près de rendre le dernier soupir, couvert également de l'habit religieux, il donna aux moines de Noyers sa part du *junioratus* de l'église, telle que le curé de la Celle la tenait de lui : ce qui permet de penser que les actes précédents n'avaient pas obtenu une pleine réalisation. Il compléta ses pieuses libéralités par le don du champ de Saint-Médard et d'une vigne située près du pont neuf, dans le voisinage de la ferme de la Chantrerie, indication intéressante qu'il nous est malheureusement impossible de préciser davantage. (*Cart.* CCXXIII.)

Ainsi s'éleva le bourg de la Celle-Saint-Avent, vers la fin du XIe siècle. Il est vraisemblable que l'église fut réparée ou agrandie à la même époque, et il n'est point téméraire de tirer cette conclusion des faits que nous venons de raconter.

Ces faits sont, suivant la coutume du temps, brièvement relatés dans la charte portant le n° CV. « Nous devons ajouter, dit M. l'abbé Bourassé, qu'ils correspondent entièrement aux notes archéologiques que nous avons prises sur les lieux il y a quelques années. Les monuments d'architecture byzantine sont partout assez rares, pour qu'on regarde comme une bonne fortune de pouvoir constater la date de leur construction, à l'aide de documents authentiques. » Nous avons eu précédemment occasion, à l'aide des chartes de l'abbaye de Noyers, de faire connaître la date précise de la construction de l'église et du bourg de Saint-Gilles de l'Isle-Bouchard ; nous avons également trouvé, dans le même cartulaire, une mention positive relative au Lazaret de la même ville. Voilà maintenant des indices de même nature qui, sans avoir la précision que désirerait la science archéologique, nous mettent du moins sur la voie d'une étude intéressante.

En voyant, en effet, un si grand nombre d'églises paroissiales devenir la propriété de l'abbaye de Noyers, à la fin du XIe siècle et au commencement du XIIe, il est naturel de penser que plusieurs ont été réparées, agrandies, et peut-être même bâties entièrement par l'abbé Étienne. La comparaison attentive de tous ces édifices aurait donc un grand intérêt archéologique : on y trouverait probablement des motifs semblables d'ornementation, des points de similitude frappants, et par suite l'existence d'une école monastique architecturale, vers l'an 1100, sur les bords de la Vienne. Il pourrait donc sortir de cette comparaison de précieuses données pour notre histoire monumentale.

XIII.

En 1084, noble homme, Vivien Brocard ou Brochard, donna à l'abbaye de Noyers l'église de Nueil, située sur le territoire de Crissé, ainsi que tout ce qui appartenait à la même église de Nueil, avec le bourg entier et tout ce qui pouvait en dépendre, excepté la dîme, qui appartenait à Crissé. Ce fait nous explique comment, pendant longtemps, l'église de Nueil fut une simple annexe de la paroisse de Crissé. Peu de temps après, cependant, Vivien Brocard se repentit d'avoir fait cette donation, et reprit tout ce qu'il avait cédé au monastère. Dans la suite, Hugues Brocard, son fils, ayant fait profession monastique à Noyers, du temps de l'abbé Étienne, restitua à l'abbaye tout ce que son père avait donné. Il ajouta à la concession primitive la dîme des brebis, des porcs et des autres bestiaux ; de plus, il concéda autant de terre que huit bœufs pouvaient en labourer, au cens d'un denier, avec le droit de terrage, c'est-à-dire d'une partie du produit en céréales. Tous les hommes qui cultiveront cette terre n'auront aucune redevance à payer à personne, sauf aux moines de Noyers. Les témoins de cette donation furent l'abbé Étienne, le moine Anstier, Arnoul Chillos et Savary. Pepin, frère de Hugues, donna son consentement en présence de Savary de Bossée et de Goscelin, son neveu.

Voilà encore une de ces indications curieuses, mais trop vagues, comme on en trouve tant dans les chartes de cette époque. Nous aurions intérêt à savoir si la partie de l'église de Nueil portant les caractères du XIe siècle ou du commencement du XIIe est due aux moines de Noyers. Ce serait pour nous un moyen de constater l'influence monastique sur l'architecture religieuse au moyen âge. Nous aurons, du reste, à revenir plus tard sur cette question, une des plus intéressantes que l'étude des monuments de la période romano-byzantine offre à notre attention et aux investigations comparées de la science.

A la même époque, Constantin de l'Isle-Bouchard avait un fils qui devint moine de Noyers : il fit don, à cette occasion, à l'abbaye de quatre portions de vigne, qu'il attribua cependant à son fils Geoffroi. Celui-ci, ayant été blessé mortellement dans un combat près de l'Isle-Bouchard *(qui Gaufridus quodam certamine apud Insulam vulneratus ad mortem)*, rendit aux religieux ce qui leur appartenait, et que son père avait retenu injustement. A titre d'aumône et de satisfaction, il donna un quartier de pré, situé près de la maison de son frère, à Crissé. (*Cart.* CXII.)

Ces faits nous expliquent l'accroissement rapide de la fortune de l'abbaye : en voici un d'une autre nature. Les moines devaient un cens annuel de dix-huit écus à un nommé Alexandre Charbonnel ou Charbonneau. Celui-ci, dans une maladie, eut recours aux soins d'un moine-médecin, nommé Guillaume, et recouvra la santé. En reconnaissance de ce service, il renonça à sa créance, en présence de plusieurs témoins et du consentement de son frère Éleagardus. (*Cart.* CXXI.)

Nous regrettons le laconisme de cette charte : la présence d'un moine-médecin à Noyers n'a rien en soi de fort extraordinaire, mais nous eussions aimé quelques détails sur sa pratique médicale : les renseignements à ce sujet nous manquent à peu près complétement.

XIV.

Après avoir raconté les faits qui touchent de plus près à l'extension de l'influence spirituelle de l'abbaye et de sa prospérité temporelle, nous croyons devoir appeler l'attention de nos lecteurs sur un certain nombre de chartes d'un intérêt historique, moins élevé sans doute, mais qui jettent de vives lumières sur l'état et sur la transmission de la propriété à cette époque.

Un homme de Nouâtre, nommé Galfrizius ou Geoffroi, avait acheté une terre au-delà de la Vienne, à Montilly, terre qui s'étendait sur les trois paroisses de Marcilly, de Rilly et de Parçay; il la posséda tranquillement durant sa vie. Après sa mort, son fils Gosbert en jouit sans être inquiété. Ce domaine passa ensuite à son petit-fils Thibault, puis à la fille de ce dernier, appelée Raab, épouse d'Hubert *Pugna-Vicarium*, et à leur fils Adelelme, surnommé également *Pugna-Vicarium*. Celui-ci, touché de la mort de ses frères, dont l'un avait été tué dans un combat, se rendit du vivant de sa mère dans le chapitre des moines, et leur fit don de la terre de Montilly, sans autre condition, sinon qu'il continuerait de jouir jusqu'à son décès de la moitié du revenu. La charte ne fournit aucun autre détail. Elle offre cette particularité, assez curieuse dans l'histoire de la transmission de la propriété à cette époque reculée, qu'elle constate, pendant plusieurs générations, la possession pacifique entre les mains des membres d'une même famille de la classe populaire. Ce fait nous a paru bon à constater aujourd'hui que l'on s'occupe partout de la condition des hommes de la classe inférieure. Il montre qu'en dehors des nobles et au-dessus des serfs et des colliberts, il y avait des familles plébéiennes admises à la possession du sol. Ne l'oublions pas : les descendants de ces obscurs propriétaires, plus nombreux qu'on ne croit peut-être, donnèrent naissance à ce tiers-état, qui ne fut rien d'abord, et qui a fini par être tout. (*Cart.* LXXXI et LXXXIII.)

Il semble qu'Adelelme n'ait eu qu'un fils, qu'il plaça dans l'abbaye de Noyers pour l'engager dans l'état monastique, en donnant pour sa profession la moitié de ce qu'il s'était réservé. Cette donation fut attaquée par les fils d'Ingelger, qui prétendaient recueillir cette succession à la mort d'Adelelme, du chef de leur mère. Adelelme fit assembler un plaid, et prouva par toutes les lois, *omnibus legibus*, que les demandeurs n'étaient point de la ligne d'où procédaient les biens réclamés. En effet, Thibault, père de Raab et aïeul d'Adelelme, auquel ces biens avaient appartenu, n'avait aucun lien de parenté ni avec Huon Normandel, ni avec Geoffroi Normandel, ni avec Cadilon Normandel, d'où descendait Serra, épouse d'Ingelger. Devant cette démonstration, Serra et ses enfants n'osèrent plaider contre Adelelme, et l'abbaye de Noyers jouit en paix des domaines de Montilly et de la Roche.

Un cordonnier de Nouâtre, nommé Landry, qui plaidait contre l'abbaye, s'était fait adjuger des vignes et des terres. Les moines eurent recours aux grands moyens, et déférèrent le serment à Landry. Celui-ci, épouvanté de la gravité de cet acte, et sentant sans doute qu'il n'avait pas raison, n'osa pas se parjurer, et transigea avec l'abbé Étienne qui, pour avoir la paix, lui laissa la jouissance de la moitié des biens en litige; ces biens devaient revenir à l'abbaye à la mort de l'usufruitier, s'il ne désignait pas d'héritier. Landry étant décédé sans héritier nommément désigné, l'abbaye aurait pu rentrer dans la pleine possession du domaine contesté; mais l'abbé Étienne, ne voulant pas user de toute la rigueur de ses droits, en laissa la jouissance à Méry, fils de Landry. (*Cart.* CLIV et CLXVI.)

N'est-ce pas un curieux spectacle de voir un aussi mince personnage qu'un cordonnier de Nouâtre lutter judiciairement contre l'abbaye de Noyers? Et l'abbaye elle-même, avec toute sa puissance, n'est-elle pas admirable dans la condescendance qu'elle témoigne à ce plaideur mal avisé ?

XV.

Les domaines de l'abbaye n'étaient pas seulement situés dans le rayon immédiat du monastère, ils s'étendaient, comme nous l'avons vu, jusque sur la rive droite de la Loire, à Langeais et à Saint-Patrice. Un moine, détaché en obédience au prieuré de Saint-Patrice, avait acheté une vigne, au temps de l'abbé André, avec le consentement d'Archambault Borrellus et de sa femme Amabilia, et le prieuré en jouit longtemps sans être inquiété. Mais à la mort de Borrellus, son fils Peloquin, qui avait hérité de sa dignité, chercha querelle aux moines, sous prétexte qu'ils n'entretenaient aucun prêtre à Saint-Patrice pour faire l'office paroissial, leur reprit la vigne, et la remit à Mainard, sénéchal de Langeais, qui reconnut les bontés peu coûteuses de son protecteur par le don d'une épée et d'une pelisse. Peu de temps après, Mainard, touché de repentir, vint trouver l'abbé Étienne à Saint-Patrice, et il lui rendit le bien en litige, en se réservant toutefois la jouissance viagère de la moitié de la vigne.

Un peu plus tard, Mainard, tombé dans la misère, songea à vendre la portion dont il n'était que le simple usufruitier, déclarant qu'il aimerait mieux vendre ses enfants que de mourir de faim. Les moines furent obligés de composer avec lui et de lui payer 40 sols, pour demeurer propriétaires de la vigne qu'ils avaient achetée. Cet arrangement se fit un dimanche, du consentement de ses trois fils, en présence de toute la paroisse de Saint-Patrice et de plusieurs personnages distingués du voisinage. L'abbaye n'était pas au bout de ses sacrifices. Mainard tomba dans une telle indigence que personne ne voulait le recevoir, et qu'il dut implorer la charité de ceux qu'il avait dépouillés au temps de sa fortune. On le recueillit au prieuré jusqu'à la fin de ses jours, et les moines pourvurent à tous les frais de sa sépulture. Tout n'était pas encore fini. Le jour des funérailles, la fille de Mainard ratifia la vente, et pour cela se fit donner 12 deniers. Peloquin, fils de Peloquin, seigneur de l'Isle, et Matthieu du Bois-Aymon, qui exerçaient sans doute quelque droit de suzeraineté sur la vigne en question, ratifièrent aussi l'acquisition des moines, et exigèrent 15 sols pour leur consentement. De plus, Robert de Blo, qui avait épousé la mère de Peloquin et qui avait la tutelle de son beau-fils, réclama de son côté. L'abbaye, trop prudente pour lutter avec un seigneur si puissant, se décida à transiger encore une fois, et donna 11 sols à Robert, 5 sols à sa femme, et 6 autres sols à Peloquin. (Cart. cxxxi, cxxxii, cxxxiii.)

Cette charte nous a paru excellente pour montrer l'état précaire de la propriété au xie siècle. On peut dire que la propriété n'avait pas encore acquis le caractère individuel et tout personnel qu'elle revêt de nos jours, et qu'elle appartenait en quelque sorte à tout un groupe, composé des proches parents du propriétaire nominal et des seigneurs dont il dépendait. Aussi voyons-nous intervenir, dans les contrats, la femme, les enfants, les frères, les neveux, etc., pour donner leur consentement à la vente. Tant de précautions n'empêchaient pas les héritiers du vendeur de soulever des chicanes, dans le but d'extorquer de l'argent, et nos chartes nous en fournissent cent exemples. La propriété n'était véritablement assise entre les mains de l'acquéreur qu'après une ou deux générations.

XVI.

Nous venons d'entendre Mainard parler de vendre ses enfants pour avoir un morceau de pain. Ce n'était pas là une vaine menace arrachée par le désespoir; car, à cette époque, la puissance paternelle, suivant la tradition romaine, s'étendait encore jusque-là. Il arrivait assez souvent que des hommes libres, pour sortir de la misère, aliénaient leur liberté et celle de toute leur famille. Notre cartulaire nous en fournit un exemple assez curieux. Un homme pauvre, nommé Arnauld, et surnommé Boters, étant passé de France en Touraine, vint livrer sa personne et celle de ses trois enfants entre les mains de l'abbé Étienne, par cette formule : « Seigneur, je me livre à vous comme serf avec mes fils, *ego me trado tibi in servum,* de sorte que dès maintenant mes fils et moi soyons vos serviteurs *(servi)*, et que toute leur descendance appartienne à perpétuité aux moines de ce lieu, comme vos autres serfs héréditaires. » Ses trois fils, Ingelger, Bernard Peters et Reinelmus, se livrèrent semblablement entre les mains de l'abbé, avec toute leur postérité. L'abbé Étienne attacha Bernard à son service, et lui confia le soin de ses chevaux. Bernard n'était alors qu'un enfant. Quand il fut parvenu à l'âge viril, les moines lui donnèrent, sa vie durant, deux morceaux de vignes et un morceau de terre. Plus tard il voulut se marier, et il en demanda humblement la permission en plein chapitre, en renouvelant le témoignage de sa servitude. Sa demande fut agréée, et les religieux lui accordèrent les vignes en toute propriété pour lui et les siens, y compris sa femme Calva. (*Cart.* CXI et CCCL.)

Ainsi, après avoir commencé par le servage volontaire, cet homme s'élevait au rang de propriétaire et pouvait espérer son affranchissement, en montant peu à peu dans l'échelle sociale.

Notons en passant que, vers la fin du XIe siècle, la Touraine n'était pas considérée comme faisant partie de la France, puisqu'il est dit de Boters : *venit de Francia in Turonico pago.*

La charte CXCVIII nous offre un autre exemple de servage volontaire. Boson, vicomte de Châtellerault, possédait un homme, nommé Geoffroi, qui s'était donné à lui sous la loi de la recommandation, *lege commendantiæ*, en s'obligeant à le servir, lui et toute sa postérité, jusqu'à la fin du monde, à charge de protection. Boson fit présent de cet homme à l'abbaye de Noyers, aux mêmes conditions.

Triste temps, en vérité, que celui où des hommes dans la force de l'âge n'avaient pas d'autre ressource, pour échapper à la faim, que de s'attacher eux-mêmes à la glèbe ! Sous la dépendance des religieux, leur sort, qui nous paraît si misérable aujourd'hui, était donc préférable à une liberté pleine d'angoisses, et c'est d'eux que nous est venu ce proverbe : *il fait bon vivre sous la crosse.* Mais si doux que fût ce régime, la liberté civile, avec ses viriles épreuves, est encore meilleure ; et c'est vers ce but enviable que tendaient déjà les classes moyennes des villes, plus avancées sur le chemin du progrès social.

XVII.

Si la domination ecclésiastique était généralement bienveillante pour ses sujets, l'Église montrait toujours une grande énergie contre les crimes qui attentaient à l'ordre social ou à la majesté des choses saintes. Un chevalier, nommé Sulion, en fit la dure expérience.

Le jour de la Purification, qui paraît avoir été la principale fête de l'abbaye de Noyers, il se faisait au monastère un immense concours de peuple. Sulion, emporté par la colère, commit un homicide dans le cimetière, et joignit ainsi le sacrilége au meurtre. Ce forfait fut un grand deuil pour les moines et pour les pieux pèlerins accourus de toutes parts à la solennité. Les religieux cessèrent dès ce jour la célébration publique des messes, et l'archevêque de Tours fulmina plusieurs excommunications. Épouvanté par cet appareil, le coupable, après sept semaines de résistance, vint spontanément à Noyers le jour de l'Annonciation, et offrit de satisfaire pour un si grand crime. On récita en sa présence les priviléges octroyés à l'Église de Noyers par le roi Robert dans la charte de fondation, et il se vit condamné à payer cent livres d'or. Incapable de trouver une si grosse somme, il sollicita l'indulgence de ses juges. Prosterné au pied de l'autel avec ses amis, il fut dépouillé de ses vêtements et frappé de verges, et il abandonna aux moines, à titre d'amende, une terre qu'il possédait sur le bord de la Vienne. A ce prix, il obtint le pardon de son crime. Sa femme, qui assistait à l'expiation, ratifia cette disposition, en présence de Hugues de Sainte-Maure et de son fils, d'Arnulf Rougebec, et de plusieurs autres témoins. (*Cart.* CLV.)

S'il nous était permis de nous appuyer sur une simple étymologie, nous pourrions chercher dans le surnom de Sulion l'explication de l'accès de fureur qui le rendit homicide. Ses contemporains lui avaient imposé un sobriquet assez étrange, celui d'*Aridum mare*, sans doute parce qu'ils lui connaissaient une soif inextinguible, capable de mettre à sec l'Océan lui-même. « Il boirait la mer, » disent encore nos paysans, en parlant d'un ivrogne renommé. C'est peut-être dans une des rechutes de cette triste passion que Sulion, incapable de se maîtriser, commit l'homicide sacrilége dont il fut puni. Son ami *Rougebec*, qui l'assistait comme témoin, porte aussi un nom suspect, et n'est pas à l'abri de tout soupçon d'ivrognerie. Pour compléter le trio, il ne manquait plus que le chevalier Gosbertus, surnommé *jam manducabit*, toujours prêt à manger.

A cette époque où les noms de famille n'étaient point encore usités d'une manière générale, et où les individus n'étaient désignés que par un nom unique, souvent identique, Arnulf, Goscelin, Rainald, Guillaume, Aimeri, etc., il arrivait fréquemment, en effet, qu'on ajoutait un sobriquet pour établir la distinction des personnes. Ces surnoms étaient tirés de quelque infirmité physique ou morale, de quelque fait connu, ou de quelque circonstance plus ou moins plaisante dont la malice nous échappe aujourd'hui. Nous en trouvons de fréquents exemples dans nos chartes. Nous nous bornerons à citer les suivants, assez singuliers pour ne pas être passés sous silence :

Brisehaste (*Cart.* XIII); — *Tua bovem* et *Macta bovem* (XX et XLV); — Diabolel (XIV); — *Diabolus* (LXXXVIII *bis*); — *Tinniosus* (XVII); — *Caro cocta* (XXVII); — *Latro* (XXVII); — *Mala garda* (XLVI); — *Centum solidi* (XLVII); — *Pende pulicem* (XLIX); — *Ferra bovem* (LIX); — *Equitat bovem* (CLXXXVIII); — *Pellis de oia* (LIX); — *Viva rabies* (LXV); — *Pila vicinum* (LXXVII); — *Guasta landa* (LXXXVIII *bis*); — *Fascina vetulam* (XCI); — *Papa bovem*, *Papa vitulum* (XCIV); — *Malum servitium* (CXXXVIII); — *De malo fornero* (CLVII); — *Malum mina* (CLXXXIV); — *Pellis lupi* (CLXXIII); — *Trahe prædam* (CLXXIV); — Torcol (CCI); — *Bibe securim* (CCI), etc., etc.

Nous venons de voir l'excommunication employée par les moines pour défendre les priviléges de leur monastère ; ils recouraient aussi à ces moyens énergiques pour la protection de leurs propriétés. Philippe, fils de Gislebert Le Roux, leur avait cédé un domaine à Saint-Patrice. A la mort de Philippe, son frère Mathée enleva cette terre aux religieux, et la donna en mariage à sa fille, quand elle épousa Wichard. Devant cette violation audacieuse de tous les droits, l'abbé de Noyers n'hésita pas, et fit excommunier Mathée qui, toujours rebelle, mourut dans les liens de l'excommunication. Sa fille, non moins obstinée, demeura longtemps frappée de la même peine ; mais enfin, sollicitée par Wichard mourant, elle se décida à faire la paix avec les moines, en leur laissant désormais la libre jouissance du domaine contesté. (*Cart.* CCXXI.)

XVIII.

L'histoire de Bernard Poters nous a montré l'usage que les moines faisaient des biens considérables qui leur arrivaient de toutes parts. Plusieurs autres chartes nous racontent des donations semblables. Ainsi, un nommé Josbert reçut des religieux un domaine au Bec-Des-Deux-Eaux ; la meilleure partie devait être exploitée à la condition du partage des fruits par moitié, et le reste n'était soumis qu'à un simple droit de terrage. Si Josbert se mariait à une colliberte de Noyers, ses enfants, qui dès lors seraient sous la dépendance de l'abbaye, jouiraient des mêmes droits et pourraient bâtir une maison sur le terrain concédé. (*Cart.* CCLXXIX.)

Jean, fils d'Aremburge, obtient un arpent et demi de terre à des conditions équivalentes, moyennant un simple cens de quatre deniers pour l'arpent, d'une redevance d'oublies pour les 50 chaînées, et de quatre autres deniers pour la maison qu'il y construira. S'il prend une femme dans la famille de Notre-Dame de Noyers, c'est-à-dire une serve ou une colliberte de l'abbaye, ses enfants jouiront des mêmes privilèges. (*Cart.* CCLXXXII.)

Des landes ou des bois étaient concédés semblablement à des paysans, pour être défrichés, et les nouveaux propriétaires n'avaient qu'à payer la dîme au premier propriétaire du fonds. Nous voyons ainsi une partie du territoire de Colombiers (aujourd'hui Villandry) à l'état d'*essarts*, et cédée à Noyers par Garnier de Virelé, qui la tenait de Payen de Chinon. Bélutha, femme de Payen, ratifia cette cession, et l'abbé lui offrit, par reconnaissance, une vache et son veau. (*Cart.* CCXCIX.)

Grâce à ces concessions, les hommes de basse condition pouvaient acquérir facilement une certaine aisance et parvenir même à un certain degré de fortune. Thibault en est un exemple frappant. Ce Thibault était d'abord le serf de Gaultier Poteron, qui l'affranchit et lui donna la liberté. Son maître, qui était un des amis les plus dévoués de l'abbaye, lui recommanda en mourant de s'attacher au monastère et même de lui céder tout ce qu'il avait acquis depuis son affranchissement. Thibault, en effet, devenu libre, avait acquis des terres, bâti une maison, planté des vignes. Il abandonna le tout à l'abbaye, affirmant qu'il était le maître absolu de ces biens, puisqu'il les avait acquis par son travail et qu'il ne les devait ni aux libéralités d'un suzerain, ni à l'héritage de ses pères. (*Cart.* CCLXXXV.)

On voit par ce trait que la condition de la classe inférieure n'était pas aussi misérable qu'on se le figure communément.

XIX.

La transmission des propriétés à cette époque laissait beaucoup à désirer, malgré les formalités dont on l'entourait, et les actes, par leur peu de précision, ouvraient la porte à toutes sortes de chicanes et de procès. Quand on ne voulait pas transiger, il fallait se présenter aux plaids des seigneurs locaux et subir les épreuves judiciaires.

Un certain Archambault Le Long avait donné tous ses biens à Noyers. A sa mort, son neveu Geoffroi Malran soutint les avoir reçus de son oncle avant les moines, et voulut s'en emparer. Pour trancher ce différend, il fallut assembler un plaid à Sainte-Maure, et l'abbé Étienne fit comparaître les témoins qui avaient assisté à la donation d'Archambault, entre autres Renaud Chillols et Herbert, le cuisinier. Ce dernier, vêtu d'une robe blanche, tout prêt à subir le jugement de Dieu, se tint tout un jour à Sainte-Maure sur le banc destiné aux plaideurs, jurant qu'Archambault avait donné ses biens à l'abbaye avant la naissance de son neveu, et se déclarant prêt à le prouver pendant un an et un jour. Renaud Chillols agit de même, et affirma, en présence des personnages considérables convoqués au plaid, avoir été le témoin oculaire et auriculaire de la donation contestée, et affirmant être prêt à subir les épreuves judiciaires. Devant cette démonstration, Geoffroi et sa mère n'osèrent pas affronter les épreuves, et se désistèrent de leur réclamation. Hugues de Sainte-Maure, qui présidait ce plaid, n'eut qu'à ratifier l'accord intervenu entre les parties. (*Cart.* CLI.)

Vers 1105, un autre plaid général se tint devant la cour de Hugues de Sainte-Maure. Un chevalier, nommé Jean François, demeurant près de Nouâtre, avait été attaqué par ses ennemis et blessé grièvement, et il était mort sans avoir pris aucune disposition pour le repos de son âme. Sa veuve, nommée Ameline, envoya l'écuyer du défunt vers les moines de Noyers, et les fit prier d'accorder à son mari une sépulture honorable. Pour récompenser les religieux, Ameline leur donna les alleux d'Avrigny et de Chenevelles, et cette donation fut ratifiée par le père de Jean, à son retour de France.

Les choses durèrent ainsi trente ans. Mais alors la fille de Jean, soutenue par Gui de Nevers et par Aimeri de Faye, voulut enlever aux moines les deux alleux qui venaient de son père. Après de nombreux plaids particuliers qui n'avaient pu terminer ce procès, un plaid général fut convoqué à Sainte-Maure. Hugues, ayant entendu les témoins, se prononça en faveur de l'abbaye, et lui adjugea les biens contestés. Ce jugement fut accepté, moyennant un don de 50 sols, par la fille de Jean François. (*Cart.* CCCXXXIV.)

Nous avons vu plus haut qu'une première difficulté s'était élevée entre Noyers et Marmoutier, au sujet de Saint-Gilles de l'Isle-Bouchard. La transaction intervenue alors entre les moines n'avait point tranché, paraît-il, tous les points litigieux, et une nouvelle querelle surgit entre les deux monastères, vers l'an 1105. Les moines se gardèrent bien d'aller porter leur dissentiment devant les tribunaux, et, avec un grand esprit de concorde dont ils nous ont déjà donné la preuve, ils s'arrangèrent à l'amiable. Marmoutier renonça à perpétuité aux prétentions qu'il élevait sur le terrain de Saint-Gilles, et Noyers, de son côté, fit l'abandon des cinq sols de cens qu'il percevait sur le prieuré de Tavent et qu'il tenait de la libéralité d'Aimeri, fils d'Ivon, et de son frère Girard. Cet accord fut conclu en présence de Geoffroi, gendre d'Aimeri, de Hugues de Sainte-Maure et de Geoffroi Peloquin.

Pour confirmer encore mieux la paix heureusement rétablie

entre les deux maisons, l'accord fut ratifié deux fois en plein chapitre, d'abord à Marmoutier, puis à Noyers, en présence des deux abbés, Guillaume et Étienne, et d'un grand nombre de leurs moines. (*Cart.* CCCXXXIII.)

XX.

Un procès qui s'était élevé quelques années auparavant entre Noyers et la collégiale de Faye avait demandé, pour sa solution, l'emploi d'une démonstration énergique.

En 1082 (*Carta* C), les moines de Noyers et les chanoines de Saint-Georges étaient en désaccord, au sujet du moulin de Charçay et d'un alleu donné par Ermengarde. Pour terminer ce différend, un plaid fut convoqué à Châtellerault. L'abbé Geoffroi et les chanoines de Faye eurent à ce sujet de longues discussions. Ils s'entendirent à la fin : les moines cédèrent aux chanoines la moitié du moulin, et ceux-ci accordèrent aux moines la moitié de l'alleu. Mais, du temps de l'abbé Étienne, survint un troisième réclamant, Athelinus, fils de Raoul et d'Ermengarde, qui prétendait évincer moines et chanoines. C'était commode et avantageux; malheureusement une charte existait, écrite en bonne et due forme. L'abbé de Noyers, confiant dans son droit, n'hésita pas à venir se présenter à Faye, devant Aimeri, seigneur du château. Cependant, comme il connaissait bien les habitudes de son temps, il s'était fait accompagner *de beaucoup d'hommes courageux* (cum multis strenuis viris) : c'était sans doute, suivant les mœurs de l'époque, une manière de commenter les textes.

Un chanoine de Faye lut la charte et les noms des témoins. Le lecteur, surpris, se trouva fort embarrassé. Après avoir achevé de lire la pièce, le chanoine, nommé Rainauld le Breton, imagina une interprétation obscure et des subtilités sans fondement, à la suite desquelles il osa dire que ces lettres étaient fausses. Ce système n'eut aucun succès. Tous les assistants, à l'unanimité, proclamèrent le droit des moines et déclarèrent non fondées les prétentions des chanoines : ces derniers, qui auraient dû venir en aide aux autres, cherchaient au contraire à les dépouiller injustement. Alors, de l'avis des gentilshommes qui l'entouraient, Athelinus prononça la sentence : les moines de Noyers seuls posséderont le moulin en litige ; les chanoines de Faye n'y pourront rien prétendre. Afin de dédommager les propriétaires, inquiétés à tort, le même seigneur déclara qu'à sa mort il voulait être enterré dans le cimetière de l'abbaye et que les moines seuls prendraient l'aumône qu'il avait l'intention de laisser pour le repos de son âme.

Les moines triomphaient ; mais ils devaient une compensation au chevalier qui leur avait rendu justice : ils lui payèrent deux cent trente sols et lui donnèrent, à titre de présent, quatre paons, deux cierges ou bougies et un porc.

Athelinus de Faye avait l'esprit fertile en expédients : il était habile à se créer des ressources. Assurer aux moines la jouissance d'un moulin qui leur appartenait, en retenant pour lui un dédommagement de 230 sols, sans compter les menus suffrages, c'était leur en faire payer largement la propriété. Les témoins de cet accord furent Aimeri, seigneur de Faye ; Zacharie de Marmande ; Boson Blanchet ; Rainauld le Breton ; Rainard de Grandchamp et plusieurs autres. (*Carta* c.)

Vers 1105, il éclata entre Noyers et la collégiale de Faye une autre querelle d'une nature plus délicate, et qui se termina par une transaction assez singulière.

Il s'agissait de la sépulture des paroissiens de Faye. Les chanoines voyaient avec peine leurs ouailles se faire enterrer dans le cimetière de Noyers, et ils se plaignaient d'être frustrés par là des droits de sépulture et des legs qu'ils pouvaient espérer des mourants. Plusieurs gros procès s'étaient déjà élevés à ce sujet, sans mettre fin au débat. Enfin, des amis communs s'interposèrent et firent accepter aux parties l'accord suivant :

Si un des paroissiens de la collégiale veut se faire inhumer à Noyers et mande près de lui les religieux, ceux-ci ne lui accorderont point les secours de l'absolution ou de la communion, tant qu'il n'aura pas légué quelque chose à la chapelle Saint-Georges; si le malade a négligé jusque-là de le faire, les moines devront lui persuader de laisser quelque chose aux chanoines et à sa propre église, et ils n'enlèveront pas son corps du château de Faye, tant qu'il ne se sera pas rendu à ces exhortations; s'il refuse avec obstination pour léguer tout aux moines, ceux-ci devront abandonner une partie du legs, selon leur convenance, à l'église Saint-Georges et aux chanoines; il en sera de même pour les biens qui seraient délaissés à l'abbaye en l'absence des religieux. Les témoins de cette transaction furent Boson Blanchet; Guillaume de Bornei; Eudes, prévôt, et Guillaume de Saint-Savin. (*Cart.* CCCXXXV.)

Ce n'est pas sans chagrin que nous avons analysé cette pièce, où la cupidité des chanoines de Faye se révèle avec tant de naïveté. Les moines de Noyers ne sauraient être suspectés du même vice. A cette époque, ils étaient encore dans la ferveur de la règle, soumis, pour les besoins de la vie, à toutes les prescriptions rigoureuses de saint Benoît. S'ils tenaient aux biens de la terre, ce n'était pas pour eux-mêmes, comme les chanoines; c'était pour leur monastère, pour cette grande œuvre de civilisation que nous les voyons poursuivre avec tant d'intelligence et de persévérance. Grâce à ces biens, ils défrichaient le sol, bâtissaient des fermes, élevaient à la dignité de propriétaires leurs serfs et leurs colliberts, et fondaient des hameaux et des paroisses nouvelles, où se préparait, sous leur influence, le peuple de l'avenir. Ces grands services sociaux, trop méconnus aujourd'hui, ne ressortent-ils pas avec évidence de toutes les pièces du cartulaire de Noyers ?

XXI.

Nous devons mentionner aussi un autre procès qui surgit entre Noyers et l'abbaye de Beaulieu, procès fort grave, puisqu'il nécessita l'intervention de l'archevêque de Tours.

Depuis longtemps les deux monastères se disputaient la possession des églises de Crouzille. Leurs prétentions respectives n'étaient peut-être pas parfaitement fondées, car elles provenaient, sans aucun doute, des droits qui leur avaient été cédés par des seigneurs laïques, propriétaires fort contestables des biens ecclésiastiques. Mais comme l'abbaye de Noyers était beaucoup plus rapprochée de l'objet du litige, qu'elle enveloppait d'ailleurs de ses autres domaines, elle avait fini par occuper les églises de Crouzille. Après de longues contestations qui n'avaient point abouti, Foulques, abbé de Beaulieu, porta sa cause devant Raoul II, archevêque de Tours. Celui-ci cita les plaideurs à son tribunal, et, après avoir entendu leurs raisons et pris l'avis des hommes prudents qui l'environnaient, il prononça son jugement et débouta Noyers de ses prétentions. Par cette sentence, l'abbaye de Beaulieu fut remise en possession des églises disputées, ainsi que de celles de Saint-Pierre de Balême, de Saint-Jacques de Mouzay, de Saint-Pierre de Varennes et de Saint-Pierre de Dolus. L'archevêque n'oublia pas de rappeler les règles imposées par les saints canons aux moines propriétaires d'églises paroissiales, c'est-à-dire le respect et l'obéissance dûs à l'Ordinaire, le paiement des droits accoutumés de synode et de procuration, l'interdiction de chanter des messes publiques et la défense de célébrer l'office divin à la mort des vicaires de ces mêmes églises, jusqu'à ce que d'autres vicaires y fussent nommés par l'archevêque. Ces règles, fort sages, avaient pour but d'empêcher les moines de se substituer aux délégués de l'Ordinaire dans l'administration des paroisses. (*Cart.* CCCLVII.)

Raoul II rendit ce jugement en 1107, dans le chapitre de Saint-Maurice de Tours, en présence et de l'avis de Hildebert, évêque du Mans, Ives, évêque de Chartres, Jean, évêque d'Orléans, Baudry, abbé de Bourgueil, Albéric, chancelier du chapitre, Alvéredus, maître des écoles, les dignitaires et tous les chanoines. Le pape Pascal II, venu en France pour les affaires de l'Église, était aussi présent, et cette circonstance donna une singulière importance au jugement de l'archevêque de Tours.

A la suite de cette sentence, les deux abbés de Noyers et de Beaulieu s'entendirent à l'amiable pour le règlement de quelques droits de moindre importance, règlement nécessité par le fait que l'église Saint-Gilles de l'Isle-Bouchard était construite sur le territoire de la paroisse de Crouzille. Noyers abandonna entièrement à Beaulieu les églises de Crouzille, c'est-à-dire les oblations et la sépulture de toute la partie de la paroisse située sur la rive gauche de la Manse, limite qui est encore aujourd'hui celle des deux paroisses. Il lui abandonna aussi la moitié des sépultures du cimetière de Saint-Gilles, vingt cierges de cens annuel à la fête patronale du premier septembre, et le partage par moitié de tous les legs faits par les paroissiens de Saint-Gilles, soit à Noyers, soit à Beaulieu. En échange, Beaulieu reconnut les droits absolus de Noyers sur l'église Saint-Gilles, le bourg et la paroisse nouvelle qu'il constituait, la justice et les coutumes que les moines y exerçaient. Pour cimenter l'union, longtemps rompue entre les deux monastères, ces conventions furent ratifiées dans les deux chapitres, et la concorde ne fut plus troublée désormais. (*Cart.* CCCLVIII.)

XXII.

Parmi les droits utiles qui échurent à l'abbaye pendant la seconde moitié du XIe siècle, nous ne devons pas omettre celui qui concerne la forêt de Luzé, située entre la Vienne et la Veude. Boson de Chillon donna à l'abbé Étienne le droit de prendre du bois dans cette forêt, autant que deux ânes pourraient en enlever chaque jour, et cela, tant que dureraient et la forêt et le monastère de Noyers. Cette donation fut confirmée par sa femme Lisiva et leurs enfants, d'abord à Faye, puis à Noyers même, dans le chapitre des moines, le jour de la fête de l'Assomption.

A la mort de Boson, une querelle s'envenima entre ses fils et ceux d'Amaury de Saint-Savin, et la haine des deux familles alla si loin, que les premiers tuèrent un des enfants d'Amaury. Ils ne tardèrent pas à se repentir amèrement de ce crime, et, après avoir maintes fois imploré la paix d'Aimeri, frère de la victime, ils finirent par l'obtenir. Pour expier leur faute, ils firent un moine *(fecerunt monachum unum)* dans l'abbaye de Noyers, pour l'âme du défunt, et, pour cette fondation, ils élevèrent à la charge de cinq ânes le bois que les moines pourraient enlever chaque jour dans la forêt de Luzé. (*Cart.* CLVII.)

Cette lutte entre deux familles ne méritait guère que le nom de rixe; il n'en fut pas de même de la guerre *(guerra)* qui éclata la même année 1088, nous ne savons pour quels motifs, entre le comte de Vendôme, seigneur de Nouâtre, et Hugues de Sainte-Maure, et qui entraîna sur le champ de bataille les feudataires de ces puissants seigneurs.

Adelelme, surnommé *Pugna-Vicarium*, sans doute parce qu'il avait battu le juge dont il relevait, tenait un fief d'un autre Adelelme, ridiculisé par le sobriquet de *Cauda vaccæ*, et il en avait distrait une portion en faveur de l'abbaye de Noyers. Quand la guerre fut déclarée, il se sépara d'Urie de Nouâtre et de ses frères, qui suivaient le parti du comte de Vendôme, et il se rangea du côté de Sainte-Maure. Urie et ses frères, profitant de la fortune, lui enlevèrent son fief, et le donnèrent à leur beau-frère Guarin. Celui-ci, blessé dans un combat, et préoccupé de la crainte de la mort, manda l'abbé Étienne avec ses moines, et restitua à l'abbaye la possession de tout ce qu'elle devait à la pieuse générosité d'Adelelme. Cette donation fut ratifiée par Urie, Salathiel et Simon. Les trois fils de Guarin, il est vrai, voulurent protester, mais les moines obtinrent leur désistement par un présent de 30 sols. (*Cart.* CLIX.)

Cette guerre, qui éclata l'an 1088 entre les seigneurs de Nouâtre et de Sainte-Maure, paraît avoir eu son contre-coup jusqu'à Crissé, où un jeune homme, nommé Oggisius, fut tué par Hugues Dindellus. Le meurtrier chercha à faire la paix avec les parents du mort; et ceux-ci, avec une générosité assez rare à cette époque, ne voulurent rien pour eux-mêmes, et se bornèrent à imposer des œuvres pies au coupable. Hugues donna donc à l'abbaye de Noyers cent sols en deniers, un pré sur les bords de la Manse, un collibert nommé Adémar, forgeron de son état, tous ses droits sur l'église d'Avon, et la dîme de sa terre de Naie; de plus, il ratifia avec son fils, soit comme parent, soit comme suzerain, tous les dons faits à l'abbaye par Geoffroi Savari et par son frère Savari. Pour reconnaître ces libéralités, les moines offrirent au jeune Savari, fils de Dindellus, un poulain assez joli, *pullum satis optimum*. (*Cart.* CLXVIII.)

Savari, fils de Dindellus, eut plus tard le même malheur que son père et l'expia de la même façon. Ayant tué un chevalier nommé Hermann, il fonda à Noyers un moine à perpétuité, et, pour cette fondation, il céda à l'abbaye un pré sur la Manse et la sépulture de l'église d'Avon. (*Cart.* CCCXII.)

Tels étaient ces hommes de guerre du XIe siècle. Singulier mélange de piété et de violence, de rapine et de libéralité, ils avaient toujours, au milieu des fautes et parfois des crimes de leur vie agitée, une heure de repentir et de pénitence. La crainte de la mort faisait d'eux des saints, un peu contraints et forcés, nous l'avouons; mais le grand spectacle de leur dépouillement n'en proclamait pas avec moins de force la puissance des lois morales et sociales qu'ils avaient si longtemps violées.

XXIII.

La Touraine connut, à la fin du XIe siècle et au commencement du XIIe, des événements de guerre beaucoup plus graves, que nous ne saurions passer sous silence. Ces mouvements se rattachaient sans doute aux troubles que suscita l'odieuse conduite de Foulques Réchin envers son frère Geoffroi le Barbu, et qui divisèrent les principaux seigneurs de Touraine. Nos chartes, malheureusement, ne nous permettent pas d'unir par un lien ces diverses expéditions guerrières; mais quel que soit le décousu des faits que nous allons raconter, le lecteur y trouvera cependant plus d'un genre d'intérêt et quelques-uns de ces traits de mœurs qui nous révèlent tout un côté de la physionomie de cette époque tourmentée.

Urie de Nouâtre, qui paraît cent fois dans nos chartes comme bienfaiteur de l'abbaye ou comme témoin, encourut la colère du comte Foulques, et, pour échapper aux coups qui le menaçaient, il se vit forcé de quitter son *castrum* de Nouâtre, pour se réfugier dans le château de Preuilly, près de son allié Geoffroi le Jourdain, ennemi déclaré du comte d'Anjou. La vengeance du prince ne le poursuivit pas jusque-là; mais il y trouva un autre ennemi, la fièvre, qui le cloua sur un lit pendant de longs jours. L'abbé Étienne, qui entretenait avec Urie d'étroites relations d'amitié, lui dépêcha un de ses moines, nommé Gaultier, pour lui porter quelques consolations. Le moine Guillaume, médecin du monastère, n'existait sans doute plus à cette date, et Gaultier était peut-être un de ses élèves. Le malade fut tellement réjoui et reconforté par cette visite, qu'il résolut d'en témoigner sa reconnaissance à l'abbaye par le don de deux morceaux de terre. Cette donation eut lieu en présence de Maurice et de Bernegaire, neveux de Goscelin ; d'Alexandre, fils d'Achard, et de Girard Menent. C'étaient, selon toute vraisemblance, les compagnons d'Urie dans sa fuite. Quand Urie fut rétabli, il vint de sa personne à Noyers confirmer et faire confirmer par son frère le présent qu'il avait accordé aux moines. (*Cart.* CXCVI.)

Ce Geoffroi Jourdain, que nous venons de rencontrer donnant l'hospitalité à Urie de Nouâtre, nous apparaît dans une autre charte sous un jour assez curieux. Dans un accès de dévotion, il s'était engagé par vœu à s'abstenir de vin tous les vendredis. Il faut croire que cette pénitence lui pesait, car il rechercha les moyens de recouvrer sa liberté. Un de ses serviteurs, Raoul, fils d'Alboin, avait donné un collibert à l'abbaye, pour le repos de l'âme de son père, disait-il, « et pour l'amour de Geoffroi de Preuilly. » L'habile courtisan savait sans doute qu'il ferait plaisir à son suzerain, en lui ménageant l'occasion de s'affranchir d'une promesse inconsidérée. En effet, Geoffroi s'empressa de ratifier le don du collibert, à la condition que l'abbé le relèverait de son vœu ; et, grâce à la sage indulgence de l'abbé Étienne, il put boire du vin le vendredi. (*Cart.* CCLXXXVIII.)

XXIV.

A la même époque, la guerre éclatait entre Foulques Réchin et Barthélemy, seigneur de l'Isle-Bouchard. Dans sa fureur, le comte rassembla une armée et alla camper à Champigny-sur-Veude, en confiant la garde de son camp à Robert de Blo. Mais Barthélemy, appelant ses amis et ses hommes, marcha résolûment contre Champigny, incendia le camp, et fit prisonniers tous ceux qui s'y trouvaient. Parmi ces derniers était Garnier Maingoth, neveu de Robert, que Barthélemy jeta dans une étroite prison et fit garder par son écuyer Payen. Garnier conçut un tel ressentiment de ce traitement rigoureux, qu'il ne parlait de rien moins, à sa sortie des fers, que de couper Payen en menus morceaux. Celui-ci, redoutant la férocité de son ennemi, tenta par tous les moyens possibles d'obtenir la paix. Tout fut inutile. Enfin l'abbé Étienne se mêla de cette affaire, et, à force de prières, il fléchit l'offensé. Maingoth promit de renoncer à sa vengeance, si Payen, son père Geoffroi, fils de Salcon, et ses frères, consentaient à faire quelque libéralité à l'abbaye.

Ceux-ci le promirent volontiers, « par amour de la paix, dit notre charte, mais surtout par amour pour Dieu et en vue du salut de leurs âmes ; » restriction ingénieuse, qui colorait d'un air de piété une générosité un peu forcée. Ils donnèrent donc à Saint-Patrice, le plus près possible de l'église, autant de terre que deux bœufs pouvaient en labourer dans les deux saisons. Cet accord se fit entre l'Isle-Bouchard et Sainte-Maure, au plaid que tinrent ensemble Hugues et Barthélemy, au lieu appelé Monte-rilli. Geoffroi Salcon et Payen allèrent ensuite à Saint-Patrice, avec l'abbé Étienne, pour mesurer la terre et en marquer les limites. Nous apprenons par là que le domaine cédé à l'abbaye s'étendait le long de la grande route, *juxta maximam viam*, à gauche quand on se dirige vers le Bois-Seneur : allusion évidente à l'antique voie romaine qui de Tours se dirigeait vers Angers par les hauteurs. Enfin, le père de Payen vint à Noyers déposer sa donation sur l'autel, en présence de plusieurs témoins. (*Cart.* cxcix.)

Cette donation, faite d'assez mauvaise grâce, ne devait pas être longtemps respectée. Une autre charte nous apprend, en effet, que cette terre de Foblers était souvent inquiétée par Payen Saucon, qui prétendait y exercer encore certains droits de justice. Le moine Thibault, qui gouvernait alors l'église de Saint-Patrice, agit avec assez de prudence pour obtenir de Payen qu'il ne poursuivrait aucun de ses ennemis sur ce domaine. La terre de Foolers se trouvait ainsi neutralisée, au moins à l'égard d'un des petits seigneurs du voisinage. (*Cart.* CXCIV.)

Si le seigneur de l'Isle-Bouchard avait des amis et des clients sur les bords de la Loire, il y comptait aussi des ennemis, entre autres le seigneur de Saint-Michel. Celui-ci, dans ses guerres avec Barthélemy de l'Isle, ne manquait jamais de saisir les revenus que les alliés de son ennemi possédaient dans son voisinage. Un chevalier, nommé Bérenger de Villaines, se voyant ainsi dépouillé des cens que Geoffroi Calcal lui payait à Saint-Patrice, prit le parti de les abondonner aux religieux de Noyers, et de frustrer ainsi, par une œuvre pie, la rapacité du seigneur de Saint-Michel. A la mort de Bérenger, les héritiers de Calcal refusèrent d'acquitter le cens, sous prétexte qu'il n'avait été servi jusque-là qu'à titre de pure aumône, pour aider à la réception des clercs le jour de la fête de saint Patrice. Lancelin, fils de Bérenger, combattit leurs prétentions avec succès, et, ayant été blessé mortellement dans une des expéditions de Barthélemy de l'Isle, il revêtit l'habit de saint Benoît pour mourir, et légua ses cens de Saint-Patrice aux religieux de Noyers. (*Cart.* CCII.)

XXV.

Les enfants d'Ivon, qui paraissent avoir eu leur domicile militaire aux environs de l'Isle-Bouchard, à Tavent ou à Crouzille, faisaient aussi de leur côté des expéditions guerrières, et autant qu'on peut le conjecturer, de concert avec Barthélemy de l'Isle. Dans une de ces campagnes contre Chinon, Girard avait emmené avec lui plusieurs hommes de l'Isle-Bouchard, et entre autres Guarin, fils de Gaultier Charchois. Guarin, craignant d'être surpris par la mort, ratifia, en présence de l'abbé Étienne, de Girard, de Méry de la Motte, et de Bertrand, serviteur ou sergent (serviens) de Girard, les legs que son père avait faits au monastère.

Cette ratification était un acte de grande libéralité, car Guarin était loin d'être riche. Charchois, son père, parvenu à la vieillesse, avait supplié l'abbé Étienne et les religieux de Noyers de le recevoir moine. L'abbé y avait consenti, dit notre charte, partie pour l'amour de Dieu, partie par considération pour ses proches; car le postulant n'avait pas de grands biens, et son entrée en religion devait être une charge pour la communauté. Charchois fit selon ses forces, et donna au monastère trois ouches de terre sises entre Panzoult et la Vienne, cinq sols de cens que lui devaient les moines de Tavent, et deux sols et sept deniers qu'il percevait à Lémeré. C'était peut-être tout son avoir. Cette donation eut lieu à l'Isle-Bouchard, dans le prieuré de Saint-Gilles, devant plusieurs témoins, parmi lesquels nous remarquons Aimeri, autre fils d'Ivon, Aucher de la Rajace, et Vivien, pontonier, qui avait la garde du pont et la perception du péage.

Quoiqu'il eût pris part à cet acte en qualité de témoin, Aimeri souleva plus tard des difficultés à propos des redevances de Tavent qui relevaient de son fief. L'abbé Étienne, qui paraît avoir été d'une habileté prodigieuse à manier les hommes, l'amena, non-seulement à abandonner ses prétentions, mais encore à concéder aux moines de Saint-Gilles toute sa part dans les deniers et les oboles offerts le jour de la fête du patron de cette église, soit à l'autel, soit dans la main du prêtre, par le peuple qu'y attiraient en foule la piété et les affaires. En récompense, les moines lui donnèrent trente-deux sols qu'il leur devait pour la vente d'un cheval et une cotte de mailles. (*Cart.* CLXXXI.)

Girard, frère d'Aimeri, fit le même abandon de sa part de droits sur l'église Saint-Gilles, en présence de Barthélemy, seigneur de l'Isle, de Jean Fuel (*Folium*), et d'un moine, nommé Gui de Nevers. Ce Gui était-il le petit-fils de Foulques Nerra qui voulait mourir sous le froc, après avoir renoncé à toutes les grandeurs de ce monde? Était-ce un de ses enfants? Notre charte ne nous transmet aucun indice à ce sujet, et nous ne saurions trop déplorer son laconisme en cette circonstance, puisqu'il nous voile peut-être un des côtés les plus curieux de cette existence brillante et tourmentée (*Cart.* CLXXXVI.)

XXVI.

Une lutte armée éclata aussi entre les chevaliers de Sainte-Maure et ceux de Marmande. Dans le combat, un jeune homme, nommé Bernard, fils d'Amalvinus *Queue-de-vache*, fut blessé mortellement. Les moines, touchés de pitié pour le malheur de cet adolescent, recueillirent son corps et l'enterrèrent honorablement dans leur verger, qui paraît avoir été affecté à des sépultures de second ordre, le cimetière étant réservé pour les seigneurs du voisinage et pour les bienfaiteurs du monastère. Amalvinus, en apprenant que les religieux avaient rendu les honneurs funèbres à son fils, leur témoigna sa reconnaissance par le don de quelques terres à Marnay et à Razines, et l'abbé lui céda en retour un magnifique cheval. (*Cart.* CCLXV.)

C'est sans doute dans cette guerre que l'église de Ports, occupée tour à tour par les belligérants, à cause de sa situation sur le passage de la Vienne, fut tellement dévastée et ruinée, qu'on cessa d'y célébrer l'office divin. Cette église appartenait alors à un homme noble, nommé Gaultier, fils de Girorius de Loudun, qui l'avait reçue pour la dot de sa femme, fille de Gauslin de Blo. Préoccupé de l'interruption du culte, il donna cette église aux moines de Noyers, avec tous les droits qui y étaient attachés, c'est-à-dire toutes les offrandes de l'autel à toutes les fêtes, la sépulture, le cimetière et tout le fief curial en terres, bois, prés et dîmes. Gaultier ajouta à ce don, autour de l'église, toute la terre nécessaire pour fonder un bourg et bâtir les maisons des religieux, et accorda tout droit de seigneurie sur les hommes qu'on pourrait y établir, en se réservant cependant la moitié de la justice *(vicariam)*; le serviteur des moines devait être en même temps leur prévôt et viguier du bourg *(vicarius)*. Cette concession fut confirmée par Aimeri d'Avoir, qui prétendait à quelques droits sur la même église. Ainsi s'éleva le bourg de Ports. (*Cart.* CCXLIV.)

XXVII.

Hugues de Sainte-Maure faisait aussi la guerre, *bellum, quod vulgus guerram vocat*, à Barthélemy, fils de Borel, seigneur de l'Isle-Bouchard. Dans un des engagements, le jeune Philippe, fils de Geoffroi Savari, fut tué par un nommé Geoffroi, frère de Pierre le Tort de Montbazon. Ce fut un grand deuil pour toute la famille Savari, qui comptait beaucoup de membres distingués et puissants en Touraine et en Anjou. Les parents du défunt, suivant les mœurs de l'époque, s'étaient chargés de le venger, et menaçaient le meurtrier des plus terribles châtiments. Geoffroi, effrayé de ces menaces, sollicita vainement le pardon de la famille qu'il avait offensée. Enfin, l'abbé Étienne, fidèle à la sainte mission de paix qu'il s'était déjà imposée plusieurs fois, alla trouver Hugues de Champchevrier, oncle de Philippe, et lui représenta avec beaucoup de force que les inimitiés, les haines et les persécutions ne pouvaient être d'aucune utilité pour l'âme de la victime. Les parents, convaincus par ses raisons et ébranlés par ses prières, promirent de faire la paix avec Geoffroi, s'il consentait à fonder à perpétuité un moine pour l'âme de Philippe. Le meurtrier y consentit volontiers, et pour cette fondation, il donna solennellement à l'abbaye une terre qu'il avait à Antogny. Cette donation eut lieu à l'Isle-Bouchard, en présence de nombreux témoins. La mère de Philippe lui pardonna la mort de son fils, et tous les parents du défunt l'embrassèrent, en signe de réconciliation. (*Cart.* CCCXX.)

En revenant de cette même guerre contre l'Isle-Bouchard, Arault de Cursé prit gîte dans l'abbaye de Noyers, et, pour payer l'hospitalité des religieux, il abandonna le procès qu'il faisait à l'abbaye pour la dîme de Poisay. Cet accord fut ratifié par sa femme Hersende et par ses deux filles, Lézine et Hersende, cette dernière surnommée *Pelote*. (*Cart.* CCLXXXIX.)

Barthélemy de l'Isle-Bouchard et Hugues de Sainte-Maure n'étaient pas toujours en querelle, et les deux rivaux savaient parfois se concerter et unissaient leurs forces à celles de Boson, vicomte de Châtellerault, pour combattre leurs ennemis communs, les seigneurs de Marmande et de Faye-la-Vineuse. Pendant que leur armée assiégeait le rocher de Marmande, quelques cavaliers tentèrent une pointe hardie contre Faye. La petite garnison de cette place fit une sortie, et mit en fuite les agresseurs, qui, se repliant en bon ordre, tuèrent un noble homme de Faye, nommé Raoul de Forniol. Le meurtrier, Aimeri d'Avoir, était noble et appuyé par une nombreuse et puissante parenté; mais le secours de sa famille n'aurait pu le préserver de la vengeance du seigneur de Faye et de tous ses vassaux. Il implora donc la paix, et il l'implora longtemps sans pouvoir l'obtenir. Enfin, le moine Pierre, frère de la victime, s'élevant au-dessus de tout ressentiment, supplia l'abbé Étienne de ménager le rétablissement de la concorde. Le saint abbé déploya toutes les ressources de cet art de la persuasion qu'il paraît avoir possédé à un degré éminent, et il réussit à rétablir la paix entre les deux parties, à la condition qu'Aimeri d'Avoir ferait une fondation pieuse pour l'âme de Raoul. Comme on le voit, la composition pécuniaire commençait à être délaissée, et des institutions plus nobles se substituaient peu à peu, sous l'influence du christianisme, au vieux *wehrgeld* des Francs. (*Cart.* CCCX.)

Le seigneur de Faye avait lui-même à se faire pardonner le meurtre de Boson de Loudun, qu'il avait fait mourir dans sa prison. Les deux frères de la victime, Aimeri Potet et Mathée, lui avaient voué une violente inimitié et cherchaient sans cesse l'occasion de se venger. Aimeri de Faye, redoutant le châtiment de son crime, sollicita le pardon de ses ennemis. Ceux-ci, vaincus par ses instances, lui imposèrent l'obligation de fonder un moine qui prierait pour l'âme du défunt. La fondation eut lieu au profit de l'abbaye de Noyers, et le meurtrier accorda aux religieux, pour cette fondation, le droit d'établir un four dans son château de Faye et d'y entretenir un boulanger qui ne serait assujetti à aucune redevance, ni au four, ni sur le marché.

Quant à ses vassaux qui viendraient y cuire leur pain, le seigneur de Faye ne pourrait rien exiger d'eux qu'en dehors de la maison; mais, tant que le pain serait encore dans le four ou aux fenêtres de la boutique, il ne pourrait le saisir sous aucun prétexte. Cette concession fut promulguée en présence de la foule des vassaux, vivement intéressés à tout ce qui pouvait les affranchir, du moins partiellement, de leurs anciennes servitudes envers leur seigneur. (*Cart.* CCCLV.)

XXVIII.

Les guerres intestines, que nous venons de raconter, entraînaient quelquefois dans leur tourbillon quelques seigneurs du voisinage. C'est ainsi qu'un chevalier, nommé Garnier Pisos, vint de Beaugency apporter à Jean, seigneur de Montbazon, le secours de sa vaillante épée. Jean, ayant marché contre Eschivard de Preuilly, engagea un combat terrible dans lequel succomba Garnier. Ce fut un grand deuil pour l'armée de Montbazon; et tous les chevaliers, même ceux qui ne le connaissaient pas personnellement, pleurèrent ce brave guerrier, qui était venu chercher la mort loin des siens. Jean et Pierre, frères de Garnier, transportèrent le corps du défunt à l'église de Noyers, et lui firent faire des funérailles magnifiques. Après la cérémonie, Jean vint au chapitre des moines, et ratifia toutes les possessions que les religieux tenaient de son père et de sa mère à Parilly, Druye, Colombiers et Manthelan. Le seigneur de Montbazon était accompagné d'un chevalier, nommé Garnier de Virelei, qui, dans le même chapitre, concéda aux moines de Noyers toute la dîme de la propre *charrue* qu'il possédait à Colombiers, à l'intention du défunt. Touchante donation, qui perpétuait la fraternité des armes, au-delà de la mort, par la fraternité de la prière. (*Cart.* CCCXIX).

XXIX.

La charte CXXXIX° a été plusieurs fois analysée (notamment par M. de La Ponce, tom. VIII des *Mémoires* de notre Société). A cause de son extrême importance dans l'histoire de l'abbaye de Noyers et dans celle de la famille de Sainte-Maure, nous n'avons pas hésité à revenir sur le même sujet ; mais, au lieu de nous borner à une simple analyse de cette charte-notice, nous avons essayé d'en donner la traduction, au moins pour toute la partie historique.

« Un jeune homme, nommé Guillaume, fils d'un des plus nobles seigneurs de Touraine, Hugues de Sainte-Maure, était très-aimé du duc d'Aquitaine, à cause de sa naissance illustre, mais surtout à cause de ses bonnes mœurs et de ses actions d'éclat. Depuis qu'il faisait partie de la suite du duc, tous l'avaient pris en affection. Durant le siége d'un certain château en Gascogne, Guillaume tomba grièvement malade. Sentant sa fin prochaine, il pria le duc de permettre que son corps fût transporté dans son pays natal. Comme il ne pouvait parler à son père, qu'il ne devait plus revoir à cause de l'éloignement, il ordonna aux hommes de son père de lui rapporter son corps privé de vie, et de l'ensevelir dans l'église Notre-Dame de Noyers, où sa mère avait son tombeau, espérant obtenir de Dieu miséricorde par l'intercession de la bienheureuse Vierge Marie. En cela, il voulait imiter l'exemple des patriarches Jacob et Joseph, qui avaient ordonné de transférer leurs corps de l'Égypte dans la terre où ils croyaient que le Sauveur dût prendre naissance. Avec ce jeune chevalier se trouvaient deux nobles personnages, familiers de son père, Gosbert, fils d'Aitilde de Preuilly, et Gaudin, fils de Geoffroi Peloquin, de Sainte-Maure. En leur adressant le dernier adieu, il leur dit : « Je meurs, portez mon corps à Notre-Dame de Noyers; déposez-le dans la tombe près de ma mère, et demandez à l'abbé et aux moines de prier pour moi. Moi, Guillaume, je donne à cette même église de Noyers, érigée en l'honneur de la sainte Mère de Dieu, l'église entière de Parilly, près du château de Chinon; comme Jean de Chinon l'avait concédée à mon père, en lui donnant ma mère, ainsi je la cède à ladite église de Noyers. De la même manière que Hugues, mon père, a tenu jusqu'ici l'église de Parilly, que l'église de Noyers la tienne pour le repos de mon âme et de celle de ma mère. En même temps, je laisse à l'abbaye la partie du Port-de-Piles que les moines réclamaient; je demande à mon père de consentir à ces dons, et je le prie de les augmenter. » Ayant achevé de parler ainsi, il rendit le dernier soupir en paix. Gosbert et Gaudin, après avoir parcouru une étendue considérable de pays, en exécution des ordres qu'ils avaient reçus, arrivèrent enfin à Noyers et déposèrent le corps dans l'église. Hugues, son père, à ces tristes nouvelles, reçut tout éploré le corps de son fils, et, avant de le confier à la terre, il vint devant l'autel de sainte Marie, mère de Dieu. Là, en présence de Raoul, archevêque de Tours, de Lisivus, doyen de Saint-Maurice, d'Albéric, chancelier, de Robert, cellérier, et d'autres chanoines, il dit : « Moi, Hugues de Sainte-Maure, je donne à Dieu, à sainte Marie et aux moines de cette église, toute l'église de Parilly, la sépulture, ainsi que toute la dîme de cette paroisse sur le froment, le vin et les troupeaux; de même que Jean de Chinon me l'a donnée, avec la mère de Guillaume, ainsi je la donne pour l'âme de mon fils en possession à cette église et aux moines de ce lieu.

« Je leur donne également à Sainte-Maure une terre, pour y bâtir une église en l'honneur de saint Michel, et la terre pour y faire un bourg. Tout ce qui sera donné à cette même église de Saint-Michel, tant en oblations que pour les sépultures et autres offrandes, appartiendra aux moines de ce lieu. Il en est de même de la partie que je possède dans le Port-de-Piles. Je livre la possession de toutes ces choses aux moines de ce lieu. »

A ce don fait par Hugues de Sainte-Maure, Raoul, archevêque de Tours, accorda son consentement, en présence de Pierre, doyen de Saint-Martin, de Lisivus, doyen de Saint-Maurice, d'Albéric, chancelier, de Robert, cellérier, et d'Ysembard, chanoine. Furent également témoins : Hugues, seigneur de Sainte-Maure, à la prière duquel l'archevêque donna son approbation ; Arnoul Rougebec ; Achard Mestivers ; Geoffroi de Maran ; Geoffroi Peloquin ; Lohos et beaucoup d'autres.

Assistait à la sépulture de Guillaume, son oncle Aimery, surnommé Payen, fils de Jean de Chinon, qui, à la demande de Hugues et de l'abbé Étienne, consentit à la donation faite à l'église de Noyers, de l'église de Parilly et des dîmes de la paroisse.

Cette charte si curieuse porte de très-nombreuses signatures, entre autres celles de Raoul, archevêque de Tours ; de Hugues, seigneur de Sainte-Maure ; de Payen ; d'Adenorde, femme de Hugues ; d'Orry de Beaupreau ; d'Aldeburge, sa femme ; de Geoffroi Peloquin ; d'Arnoul Rougebec ; de Geoffroi de Maran.

Nous devons ajouter ici que la donation d'une terre, pour la construction de l'église et du faubourg Saint-Michel, eût les plus heureuses conséquences pour l'avenir de la ville de Sainte-Maure, le donateur ayant ajouté plusieurs priviléges avec l'intention d'attirer des habitants en cet endroit. (*Cart.* CXXXIX).

Hugues de Sainte-Maure, déjà si cruellement frappé par la mort de son fils Guillaume, était réservé à des épreuves plus douloureuses encore. Deux autres de ses enfants, Goscelin et Hugues, jeunes gens pleins de valeur, furent tués dans un guet-apens. On peut juger de la douleur du malheureux père. Les moines de Noyers, apprenant ce cruel événement, allèrent chercher les corps des victimes, les rapportèrent à l'abbaye, et les ensevelirent honorablement sous le portique de leur église. Après la cérémonie funèbre, le père se présenta au chapitre des religieux avec toute sa suite, et donna au monastère, pour le repos de l'âme de ses trois enfants, l'église de Sainte-Maure et tous les droits qui en dépendaient, de la même manière que les chapelains en avaient joui jusque-là. Parmi les assistants qui étaient venus mêler leurs larmes à celles de l'infortuné seigneur, nous comptons Geoffroi Peloquin; Aimery et Girard, fils d'Ivon; Guillaume Malran et Archambault, son frère; Étienne de Montgauger; Girard du Puy; Achard, surnommé *Fascina vetulam ;* et un grand nombre d'autres seigneurs et amis du voisinage.

Cette donation fut ratifiée, à Sainte-Maure, par les deux autres fils de Hugues, nommés Guillaume et Pierre, sa fille Marquissa, et sa bru Falcabella, veuve de Goscelin.

Peu de temps après, arriva à Noyers un légat du Saint-Siége, Girard, évêque d'Angoulême. A la prière de l'abbé Étienne et de Hugues de Sainte-Maure, le prélat vint sur la tombe des deux frères, et après avoir prié pour eux, il leur donna, en vertu de l'autorité apostolique dont il était investi, l'absolution de tous leurs péchés, *apostolica qua potuit auctoritate, ab omni eos vinculo delictorum absolvit.* En sa présence, le seigneur de Sainte-Maure ratifia le don de l'église qu'il avait fait précédemment. Cette donation fut également confirmée par Raoul, archevêque de Tours, qui plaça dans la main de l'abbé Étienne le don de l'église de Sainte-Maure. On se rendit à Sainte-Maure, et là, en face de tout le peuple, l'archevêque remit à l'abbé Étienne les clefs de l'église et les cordes des cloches, en signe de tradition de toute l'église. Ces événements se passaient vers l'année 1102.

A quelque temps de là, Hugues de Sainte-Maure voulut entreprendre le pèlerinage de Jérusalem. En apprenant son départ, Engelbert, prieur de Saint-Mesme ou Saint-Mexmin (c'était un prieuré que Hugues avait fondé à Sainte-Maure), animé d'une violente jalousie contre les moines de Noyers, prétendit que le seigneur de Sainte-Maure avait accordé la chapellenie dont il vient d'être question à l'église et au bourg de Saint-Mesme, après la mort de Rainald et d'Aucher, chapelains de Sainte-Maure. Les religieux protestèrent et appelèrent Hugues en témoignage. Celui-ci protesta de son côté, déclarant que, quand il avait autorisé la construction du bourg et de l'église de Saint-Mesme, il n'avait jamais accordé au prieur le droit, ni pour le présent, ni pour l'avenir, d'établir un chapelain et de former une paroisse (1). Comme le prieur soutenait avec impudence ses réclamations, le seigneur dut assembler un plaid, et y convoquer tous ses barons. Devant ce tribunal, les moines du prieuré de Saint-Mesme ne purent produire aucun témoignage, aucune preuve de leurs prétentions, et furent condamnés. (*Cart.* CCCVII.)

Ainsi, l'abbaye de Noyers demeura en paisible possession de l'église principale de Sainte-Maure et du bourg qui en dépendait. En même temps, elle bâtissait l'église Saint-Michel, comme nous l'apprenons par la charte CCCLVI, datée de l'an 1107, et où

(1) Nous publions ici, d'après une copie de M. l'abbé Bourassé, la charte de la fondation du prieuré de Saint-Mesme, faite par Hugues de Sainte-Maure, vers l'an 1060 :

Privilegium Hugonis de Sancta Maura concessum prioratui Sancti Maximini de Sancta Maura super rebus ad dictum prioratum pertinentibus. (Carta trecentesima sexagesima quarta ex polyptico Miciacensi, folio octogesimo quinto.)

Cum præsentis vitæ volubilitas veloci sit termino finienda, oportet ut unusquisque diem extremum ante oculos suæ mentis ponat, judicisque sententiam in actionis suæ pondere quotidie statuat. Pereuntibus enim hujus sæculi rebus caducis, id solum manet quod divina agitur inspiratione, vitæ æternæ amore. Idcirco ego, Hugo castri Sanctæ Mauræ Dei gratia jure hereditatis possessor ac dominus, ob meæ animæ patrisque mei jam defuncti, nomine Goscelini, et matris meæ dulcissimæ adhuc vivæ, Aramburgis nomine, id annuentis toto corde, atque fratrum meorum Gosberti et Guillelmi animarum remedium, Deo et sanctis ejus, protomartyri videlicet Stephano et Christi confessori Maximino, et omni monachorum congregationi in eorum cœnobio Sanctorum Regi regum famulantium, annuo in primis et concedo perpetualiter habendam et possidendam quamdam de jure meo terram cum omnibus ad eam pertinentibus, consuetudinibus in omni reditu vel in omni offensa aut aliqua qualicumque redhibitione. Est autem ipsa terra juxta meum jam nominatum Sanctæ Mauræ castrum, incipiens a fossato castri ipsius usque ad rivum qui decurrit inferius; ratione siquidem tali prædictam eis annuo et concedo terram, ut ex se aliquos mittant monachos qui inibi ecclesiam in honore summi Dei et divi piissimi confessoris construant Maximini, me pro posse juvante cum cæteris fidelibus meis, Deo annuente, etc.

L'original de cette charte se trouvait autrefois dans les archives de l'abbaye de Saint-Mesmin, près d'Orléans.

us lisons : *prope ecclesiam S. Michaelis, quæ a jam dictis monachis construebatur*. Indication précieuse, qui fournit à l'archéologue un renseignement de la plus haute importance.

Ces faits nous autorisent à affirmer que si la ville de Sainte-Maure a dû sa naissance à la découverte du corps des saintes vierges Maure et Britte, au VIe siècle, et son premier développement à la construction du château-fort, elle doit son épanouissement complet aux travaux des moines de Noyers.

XXX.

Les guerres particulières que nous avons vues désoler la Touraine méridionale vers la fin du XIe siècle furent interrompues par un grand événement, qui jeta sur l'Orient toutes les forces vives de la France. Nous voulons parler de la première croisade, que le pape Urbain II vint lui-même prêcher en France, d'abord au concile de Clermont, au mois de novembre 1095, puis à Tours, au mois de mars de l'année suivante. Un grand nombre de seigneurs tourangeaux répondirent à l'appel du Souverain Pontife et partirent pour la Terre-Sainte. Nos chartes nous font connaître le nom de quelques-uns de ces braves chevaliers.

Un certain Oggisius de Poitiers avait donné à Noyers une dîme qu'il percevait à la Roche-Peloquin, sur la Manse, près de Sainte-Maure. Il la changea ensuite avec Jean de Draché pour la terre de Montel. Mais, au moment de partir pour Jérusalem, il rendit cette dîme à Noyers. Parmi les témoins de cette charte figure Aimery *Li Metzuns*, c'est-à-dire Le Maçon. (*Cart.* CCXL.)

Ameline, du château de Loudun, épouse de Geoffroi Fulcrade, avait donné à l'abbaye, au temps de l'abbé Étienne, la moitié de l'église d'Abilly. Quand son fils Geoffroi voulut aller à Jérusalem, il emprunta à l'abbé Étienne 300 sols, en sus des 500 qu'il lui devait déjà. Comme paiement, il lui donna tout ce qu'il possédait dans la paroisse d'Abilly, c'est-à-dire la dîme du blé et du vin, ses vignes et ses terres, les cens et le bourg; mais les moines ne devaient entrer en possession de ces biens que s'il avait le bonheur de revenir de Terre-Sainte.

Sa mère trouva peut-être ce don exorbitant; car elle se réserva le droit de racheter le tout, au moyen de 500 sols de monnaie angevine, tout en confirmant aux moines la propriété perpétuelle et irrévocable du *junioratus* de l'église, des offrandes et de la sépulture. A la mort de sa mère, Geoffroi ratifia purement et simplement sa première donation. (*Cart.* CCXLIII.)

Un autre seigneur, Rainauld le Superbe, sur le point de partir pour Jérusalem, concéda aux moines la dîme de deux arpents de terre. C'était peu; mais sa mère Barbota leur reprit ce don qu'elle remplaça par d'autres libéralités. (*Cart.* CCXLV.)

Bouchard de Marmande, en entreprenant le même voyage, donna à Noyers le moulin des Trois-Moulins, à Buxière. Son frère Zacharie confirma cette donation et s'en rendit garant, s'engageant à payer mille sols aux moines, s'il ne pouvait faire triompher leur cause. Les cautions ou otages (*obsides*) de cette somme furent : Pierre de Messemé; Aimery des Trois-Moulins; Barthélemy de Sarigny; Hugues d'Antogny; Salathiel de Monteduin; Vivien du Fresne; Guillaume Erald; Étienne Raoul; Arald de Ports; Hugues d'Angé et Hugues de la Fuie. (*Cart.* CCXLVI.)

Un nommé Aimery, à la veille de partir pour le même pèlerinage, voulut aussi pour ses péchés, *delictorum gratia*, faire un pieux usage des biens qu'il possédait à Lahaye. Il les donna à Noyers, et stipula que s'il succombait en Orient, à la mort de sa femme et de leur dernier enfant, sa maison appartiendrait à l'abbaye. (*Cart.* CCXLVIII.)

Nous avons vu que le bourg d'Azay-le-Chétif était devenu la propriété de notre monastère, par le don que lui en avait fait Ervisus Cabruns, avant de revêtir l'habit monastique. Son fils Gosbert avait ratifié cette libéralité, du consentement de son frère Aimery Pollard, avant de s'embarquer pour la Terre-Sainte; et il avait stipulé que si, à son retour, il recouvrait son *honneur* de Nouâtre, c'est-à-dire son fief, les moines lui payeraient dix livres in *adjutorium*; si, au contraire, il était dépouillé de sa seigneurie, il aurait la jouissance à moitié de tout ce qu'il abandonnait, sans pouvoir léguer à sa femme ou à qui que ce soit, ou constituer en dot, la moindre partie de ces biens. (*Cart.* CCL.)

Gaultier de Montsoreau, dans une circonstance semblable, tint aussi à honneur d'être un des bienfaiteurs du monastère. Se trouvant dans une ville de la Pouille, nommée Mespha, il donna à Noyers, à la prière du moine Gaultier, tout le péage personnel par terre et par eau à Montsoreau, de sorte que les moines, soit à l'aller, soit au retour, n'eûssent rien à payer. Le moine Gaultier, revenu d'Italie, informa Grecia, dame de Montsoreau, des intentions de son seigneur et maître ; et celle-ci, après avoir connu, à certains signes convenus, qu'on lui manifestait véritablement la volonté de son mari, confirma les dons de Gaultier de Montsoreau, avec son fils Guillaume et sa fille *Rumpestachia*, qui paraît avoir emprunté ce singulier surnom à la facilité avec laquelle elle rompait les bandelettes de ses chaussures. (*Cart.* CCLI.)

Deux frères, Geoffroi et Engelelme, fils d'Amaury de Saint-Savin, voulant aller à Jérusalem, crurent devoir préalablement faire quelque bonne œuvre en faveur de l'abbaye de Noyers. Ils consultèrent à ce sujet un moine, du nom de Lancelin, qui demeurait alors en obédience à Charçay, et ils lui parlèrent de céder à Noyers des ruines situées près du domaine des moines, qu'on disait avoir été une chapelle de Saint-Gilles, avec cent arpents de terre pour fonder un bourg et rebâtir l'église. Lancelin, qui ne pouvait prendre sur lui une si grave décision, les renvoya à l'abbé Étienne, qui accepta leurs offres. En conséquence, Geoffroi et Engelelme donnèrent au monastère la chapelle Saint-Gilles et cent arpents de terre et de bois, avant de partir pour l'Orient ; leurs deux autres frères, Aimery et Hugo, promirent de défendre cette donation contre toute attaque, et Pierre de Messemé reçut à ce sujet leur serment. Cette donation fut faite en présence de Barthélemy de l'Isle, de Philippe de Bossée et de plusieurs autres habitants de l'Isle-Bouchard, qui les accompagnaient à leur départ. (*Cart.* CCLII.)

Barthélemy de Labaye, sur son lit de mort, légua à Noyers le quart de l'église de Pussigny, c'est-à-dire le quart des offrandes, des sépultures et des dîmes du blé et du vin. Sa femme, qui tenait cette portion d'église de Hubert Le Roux, ratifia la donation avec ses enfants. Hubert Le Roux donna son consentement à cet acte, et permit aux moines d'acquérir, soit par don, soit par achat, les trois autres parts de la même église, qui appartenaient alors à Lambert, à Raoul de Marmande et à Archambault Bodin. Pour toutes ces libéralités, les moines offrirent à Hubert un cheval qui valait bien 200 sols. Sa sœur Agnès, épouse de Geoffroi Rucival, et ses enfants, Mathée, Hubert et Gasnicha, accordèrent aussi leur adhésion aux libéralités précédentes.

Hubert Le Roux étant mort à Jérusalem, sa sœur et ses neveux attaquèrent sa donation, prétendant avoir été contraints par la violence à y adhérer. Mais, dans un plaid réuni à l'Isle-Bouchard, les plaideurs n'osèrent plus soutenir leurs prétentions, et l'abbaye de Noyers garda la possession incontestée de l'église de Pussigny. (*Cart.* CCLIV.)

Aimery de Faye ne paraît pas avoir été un des pèlerins de Jérusalem. Il se contenta de faire le voyage de Rome, et l'abbé Étienne, qui le conduisit jusqu'à Poitiers, obtint de lui quelques biens dans la seigneurie de Faye. A son retour de Rome, le jour de la fête de saint Georges, Aimery confirma ses donations précédentes. (*Cart.* CCXCVII.)

Il est certain que l'abbé Étienne ne fut pas étranger à l'immense mouvement qui emporta vers l'Orient tant de braves guerriers, désireux d'abattre la puissance musulmane et de protéger la chrétienté menacée. Sa grande influence dans toute la Touraine méridionale, le rôle qu'il a joué, son adresse à manier les hommes, tout nous persuade qu'il a été chez nous un des prédicateurs les plus zélés de la première croisade.

XXXI.

Ici se termine l'analyse des chartes qui nous permettent d'entrevoir l'histoire de l'abbé Étienne. Si nous ne nous trompons, l'abbé Étienne fut un homme éminent, dans toute la haute acception de ce mot. Grâce à lui, l'abbaye de Noyers acquit une importance territoriale qui lui permit de compter avec les plus puissants seigneurs de la Basse-Touraine, et une influence spirituelle qui soumit à sa direction les fidèles de vingt paroisses. Grâce à lui encore, ce pays désert vit naître la civilisation et quinze bourgs s'élever sous la main bienfaisante des religieux. C'est là un service immense rendu à notre province par ce moine, demeuré jusqu'ici presque inconnu. Nous sommes heureux de tirer son nom de l'oubli, et de signaler à l'admiration du XIXe siècle ce bienfaiteur obscur de la Touraine, qui a plus fait en vingt ans, sous son froc de moine, que tous les hauts barons dont il apaisait les discordes. Saluons donc en lui un des promoteurs les plus actifs de la civilisation parmi nous.

L'abbé Étienne assistait, le 14 avril 1109, à la mort de Foulques Réchin. C'est la date authentique la plus récente que nous ayons de lui. Toutefois, sa prélature paraît s'être prolongée jusque vers l'année 1111 : il aurait donc gouverné le monastère pendant environ trente ans, temps bien court, pour toutes les grandes choses qu'il a accomplies.

CHAPITRE VI.

GAUDIN DE POENT

(1111-1132.)

L'abbé Gaudin de Poent n'a pas joué un rôle aussi important que son prédécesseur, et des cent chartes qui nous sont parvenues de son administration, nous le montrent mêlé à des événements beaucoup moins considérables. Ces pièces, pour la plupart, ne nous parlent que d'acquisitions de biens, de contestations soulevées par les parents ou les héritiers des donateurs, et de transactions qui terminent les différends. Nous ne nous appesantirons pas sur ces faits d'un médiocre intérêt, et nous nous bornerons à consigner ici les renseignements les plus curieux que nous avons pu glaner dans ce vaste dossier.

I.

Les actes majeurs sont ceux qui ont trait à la cession d'églises paroissiales à l'abbaye de Noyers.

Aucher de la Rajace et sa femme Sarrazine avaient donné à l'abbaye l'église de Saint-Martin du Sablon et le domaine de Champvent sur la même paroisse, avec l'obligation d'y bâtir une chapelle sous le vocable de Saint-Nicolas, et d'y fonder un bourg, près du point où s'éleva depuis la ville de Richelieu. Les moines s'empressèrent de faire ratifier cette donation par Pierre, évêque de Poitiers, et se mirent aussitôt à bâtir la chapelle de Champvent, pour l'usage des colons qu'ils avaient appelés sur ce territoire, grâce aux priviléges concédés par le seigneur de la Rajace. Ils jouirent longtemps de ce domaine sans être inquiétés; mais un jour les chanoines de Mauléon élevèrent des prétentions sur cette terre, qu'ils disaient leur avoir été donnée antérieurement. L'abbé Gaudin, désireux de garder la paix et la charité, paya 300 sols aux chanoines, et obtint ainsi leur désistement. (*Cart.* CCCLXXXIV et CCCXCVIII.)

Hugues Goscelin, à la mort de sa femme Fréésende, voulant établir la prière perpétuelle pour le repos de son âme, donna aux moines l'église de Draché avec tous les droits curiaux, et fonda un moine dans le monastère. Un peu plus tard, il abandonna aux mêmes conditions l'église d'Usseau, avec trois arpents de vignes et deux bouées de terre. (*Cart.* CDXII.)

L'église de Sérigny, en Poitou, passa sous le domaine de l'abbaye, dans des circonstances à peu près semblables. David de Monteil, paroissien de Sérigny, se voyant près de mourir, appela l'abbé Gaudin, et demanda à revêtir l'habit de saint Benoît. En récompense des secours spirituels qu'il sollicitait, il accorda au monastère toute la dîme de la paroisse, à la condition que les moines se chargeraient d'élever son fils, alors en bas âge, et le placeraient, plus tard, près du prêtre qui desservait la chapelle de Gençay, pour apprendre les lettres. Le chapelain de Gençay devait avoir la moitié de la dîme, et le moine-prieur de Sérigny l'autre moitié. Aimery de Faye, de qui dépendait ce domaine, ratifia ces conventions. (*Cart.* CCXIII.)

Deux autres églises, Verneuil-le-Château et la Roche-Clermault, furent l'objet d'une donation ou d'une confirmation semblable ; mais nous ne relevons dans les chartes qui les concernent aucune circonstance digne d'être notée. (*Cart.* CCXXI et CCXX.)

II.

L'église de Sainte-Maure, qui se trouvait depuis quelque temps entre les mains des moines, n'était pas à l'abri des entreprises de quelques chevaliers du voisinage, malgré la protection dont la couvraient les puissants seigneurs du lieu. Ainsi, Pierre de Montbazon s'était emparé de toutes les offrandes du jour de Noël ; mais, plus tard, reconnaissant l'injustice de ses prétentions, il abandonna ces oblations à l'abbaye, pour le repos des âmes de ses parents. L'abbé Gaudin, pour reconnaître cette prétendue libéralité et la rendre irrévocable, lui donna en fief cinq sols de cens que payait Auger Ursieth, pour la terre provenant de Gautier Poterius, et un alleu situé près de l'église d'Esves. Pour ces biens, Pierre se reconnut l'*homme* de l'abbé et lui rendit l'obéissance féodale, en mettant ses mains dans celles de son seigneur ; son fils devait aussi le service féodal pour le même fief, mais sans être astreint à la cérémonie de l'hommage. (*Cart.* CCXIV.)

Ces détails nous montrent quelle devait être l'importance des oblations faites le jour de Noël, puisque l'abbé Gaudin, pour les recouvrer, ne craignait pas d'imposer à son monastère un sacrifice si considérable.

L'église de Sainte-Maure, dont Pierre de Montbazon avait usurpé un des revenus les plus fructueux, provenait, comme nous l'avons vu plus haut, des libéralités de Hugues de Sainte-Maure. Ce seigneur, en différentes circonstances, s'était attaché à donner au monastère de Noyers des marques de sa pieuse munificence. Il les compléta en lui cédant la dîme d'Anzai, qui appartenait à cette même église de Sainte-Maure, et dont il avait jusque-là retenu la jouissance. Ce don fut fait pour l'âme de son fils Guillaume le jeune, le dernier de ses enfants, mort avant son père, comme ses aînés.

Un certain chevalier, nommé Goscelin Pipet, élevant des prétentions sur cette dîme, les moines refusèrent de la recevoir dans des conditions si incertaines. Mais Hugues de Sainte-Maure, ne voulant pas laisser son aumône imparfaite, leur donna en échange le moulin de Bonnevoie, à la condition que, s'il pouvait leur assurer la libre et tranquille jouissance de la dîme d'Anzay, sans aucune crainte de procès, il reprendrait son moulin. En reconnaissance, l'abbé lui donna cent sols. Hugues le jeune, fils de Goscelin de Sainte-Maure, ratifia toutes les donations de son aïeul. Cet acte fut signé en présence de nombreux témoins, parmi lesquels nous remarquons Guillaume de Brou, Aimery Rougébec et Conterius, dans la censive duquel se trouvait Anzay, et qui, à cette occasion, perçut le cens des mains de l'abbé Gaudin. (*Cart.* CDXV et CDXVI.)

III.

Quelques-unes des propriétés de l'abbaye méritent une mention spéciale.

La famille Simon avait longtemps disputé aux moines la possession du bourg d'Antogny, les vignes de ce lieu et la pêche du samedi dans l'écluse de la Vienne, c'est-à-dire dans une partie de la rivière enfermée par des barrières. Après de longues contestations, Borilla, veuve de Simon, et ses trois enfants abandonnèrent toutes leurs prétentions, et, en signe de bienveillance pour l'abbaye, lui cédèrent la moitié de la maison du prêtre

Thibault. Au fond, cette donation n'était qu'une transaction, car les moines abandonnèrent à Borilla la moitié de la dîme qu'ils percevaient dans la paroisse d'Abilly, au lieu nommé Rives, entre la Claise et la Creuse, sur huit bouées de terre. Borilla, en présence et du consentement des moines, fit présent de cette dîme aux religieuses de Fontevrault, en leur donnant sa fille comme novice. Cette charte, que D. Fonteneau a datée de l'année 1112, nous reporte à l'origine du prieuré de Rives, dépendance de l'abbaye de Fontevrault, que Robert d'Arbrissel fondait vers cette époque. Persil (*Petrosilus*), fils de Simon et de Borilla, et sa femme, Blanche-Fleur (*Albus flos*), ratifièrent aussi toutes les libéralités de leur famille. (*Cart.*, CCCLXXXVII et CCCLXXXVIII.)

A Nancré, les moines s'étaient vu également disputer la dîme qu'ils y possédaient. Les contendants étaient Zacharie et son fils Bouchard, qui, tout bienveillants qu'ils fussent pour l'abbaye, tenaient à conserver la jouissance usurpée des biens ecclésiastiques qu'ils tenaient de leurs pères. A la fin, touchés des exhortations de leurs amis, ils se décidèrent à restituer à l'Église ce qui appartenait à l'Église, et ils profitèrent pour cela de la présence de Gillebert, archevêque de Tours, appelé à Noyers pour quelque fonction de son ministère, probablement la consécration de la nouvelle église. Ils se désistèrent donc entre ses mains de leurs prétendus droits sur la dîme de Nancré, et placèrent leur don sur l'autel, en présence de Hugues de Sainte-Maure, de Geoffroi Peloquin, de Rideau d'Azay, du fils de Guillaume de Brou, etc. Aimery le vieux, seigneur de Faye, qui avait la féodalité de Nancré, son fils Aimery le jeune et sa femme Élisabeth, surnommée Rumpestachia, ratifièrent ce don. (*Cart.* CDXXXIV.)

Notons, en passant, que le Rideau d'Azay que nous voyons figurer dans cette pièce est antérieur de près d'un siècle au premier seigneur du même nom mentionné par Chalmel. Cette famille était donc déjà ancienne, comme le dit notre historien, lorsque Philippe-Auguste, au commencement du XIIIe siècle, institua Hugues Ridel d'Azay un des chevaliers bannerets de Touraine.

Les propriétés de l'abbaye, très-nombreuses sur les bords de la Vienne, s'étendaient jusqu'au-delà de la Loire. Nous avons déjà vu que les moines possédaient un prieuré à Saint-Patrice. Vers 1117, Pierre de Sonzay et Pétronille sa mère leur donnèrent l'étang et le moulin Douzil, sur la Bresme, de la terre pour trois charrues, l'usage du bois voisin et la glandée pour cent porcs. Gilles et Payen Bruñel, frères de Pierre, ratifièrent cette donation, et Jean d'Aluie, seigneur de Châteaux en Anjou, suzerain du domaine de Douzil, la confirma également. (*Cart.* CCXVIII et CCXIX.)

Une autre charte plus développée nous fournit, au sujet de la même concession, des détails intéressants. La terre avait été divisée en trois fermes à une charrue, que notre pièce appelle *tres mansuras terræ*, et qui s'étendaient sur les bords de la Bresme et du ruisseau de Beaufou, près du chemin qui conduit de Tours à la Motte. Les moines devaient exercer les coutumes seigneuriales sur les hommes qu'ils pourraient attirer en ce domaine; leur droit d'usage s'exerçait sur le bois Gouin et sur les bois Gonthier et Brachesac. Les donateurs, en faisant ce présent entre les mains de l'abbé Gaudin, promirent de compléter les trois fermes, si, après l'essartement des terres concédées, on ne les trouvait pas assez étendues pour le travail d'une charrue. Ainsi commença, sous l'influence de l'abbaye de Noyers et par l'initiative des seigneurs de Sonzay et de Châteaux (aujourd'hui Château-la-Vallière), le défrichement de ces landes incultes. (*Cart.* CCXXV.)

IV.

A Sonzay, les moines de Noyers se trouvaient en contact avec les chanoines de Saint-Martin de Tours, comme ils l'étaient déjà en plusieurs autres points, notamment à Saint-Épain et à Poizay-le-Joli. En ce dernier lieu, un arrangement était intervenu entre les dignitaires de l'insigne collégiale et l'abbé Gaudin, au sujet de l'église et de la cure de Poizay, et de toutes les maisons qui se groupaient dans le bourg. Ganilon de Châtillon, qui les tenait en fief du trésorier de Saint-Martin, les avait données à

Noyers. En 1113, le trésorier Gaultier confirma cette donation, en se réservant dix sols de cens, payables le jour de saint Brice. Cet acte fut passé en présence de nombreux témoins, entre autres Girard Choete, Pierre de Montbazon et Geoffroi son frère, Hubert et Payen Jhésu, Rainaud de Montagret, Raynaud Aiguillon, etc. L'année suivante, Odon, doyen de Saint-Martin, donna son approbation à cette concession, en présence de Geoffroi Peloquin, de Guillaume de Blo, etc. Ces deux chartes sont datées, et nous fournissent de précieuses concordances chronologiques qui nous permettent de fixer l'âge approximatif des témoins qui y figurent. (*Cart.* CCCXCVI et CCCXCVII.)

V.

La charte CCXX nous montre l'intervention des Juifs dans les affaires d'argent, au commencement du XIIe siècle.

Urie de Nouâtre avait une fille qui épousa Pierre Goscelin, fils de Hugues. Pierre Goscelin ayant besoin d'argent, vint trouver les moines, et les pria de lui prêter quelques-uns des ornements de l'église pour les mettre en gage. Ceux-ci consentirent à lui prêter deux belles chapes qui valaient plus de dix livres, et Goscelin les engagea chez les Juifs comme garantie de la somme qu'ils lui avancèrent à un taux usuraire. Les intérêts s'étant accumulés, Goscelin se sentit dans l'impuissance de retirer les chapes. Effrayé à la pensée d'avoir perdu par sa faute les ornements sacrés, il vint s'humilier près des moines avec sa femme Marguerite, et leur donna en dédommagement l'écluse de Marcilly, le moulin qui y était établi, l'eau, le rivage et la pêcherie. Goscelin n'avait pu hypothéquer ces biens près des Juifs, la loi interdisant à ceux-ci toute possession territoriale et les rejetant forcément dans le commerce et dans la banque.

A quelque temps de là, Goscelin disputa aux moines la sergenterie des moulins, prétendant qu'aucun blé ne fût perçu sur les moulins en l'absence de son sergent. Il ne tarda pas à s'arranger sur ce point, en présence de Geoffroi, archidiacre de

Tours, de Hugues de Sainte-Maure, et de Geoffroi Barbote, qui, en souvenir de la transaction, frappa la table sur laquelle se traitait le différend. (*Cart.* CDXX.)

VI.

De nombreux serfs faisaient aussi partie des propriétés de l'abbaye. A ce titre, les moines possédaient, grâce à la libéralité de Hugues de Sainte-Maure, David de Ports, avec ses fils et ses filles, et tous leurs biens. En affranchissant quelques-uns des enfants de David, le seigneur de Sainte-Maure leur donna la liberté, ce que nous appelons communément, dit la charte, *la gentie*, — *dedit libertatem, quod vulgo dicimus* LI JANTIAM. Le nombre des hommes libres s'accroissait ainsi peu à peu, surtout par l'intervention du clergé, plus enclin que les laïcs à multiplier autour de lui des hommes véritablement dignes de ce nom. (*Cart.* CDVII.)

Au-dessus de la liberté, les hommes de ces âges de foi plaçaient l'honneur d'être attachés au service de Dieu dans l'état monastique, et de porter les saintes livrées de la religion. Aussi les voyons-nous accomplir des sacrifices pour obtenir cette faveur. Ajoutons ici un ou deux exemples de ces pieuses coutumes à ceux que nous avons cités précédemment.

Auger, surnommé Brisehaste, et ses deux fils, Geoffroi et Pierre, vinrent dans le chapitre des moines solliciter d'être associés au bénéfice des prières et des bonnes œuvres du lieu, et pour y coopérer, tout en demeurant dans le monde, ils donnèrent à l'abbaye la moitié de tout ce qu'ils avaient au-delà de la Vienne, en bois, terres cultivées et incultes, cens et revenus de toute nature; ils y ajoutèrent la moitié de tous les hommes, colliberts, serfs ou servantes, qu'ils possédaient à Noyers, Nouâtre et Marcilly. Pour ce don considérable, les religieux leur accordèrent le droit de se faire moines dans l'abbaye, lorsqu'ils le jugeraient convenable, et promirent de les soigner dans toutes leurs maladies, quand bien même ils n'auraient pas revêtu l'habit monastique; l'abbaye se chargeait aussi de pourvoir à tous les besoins de leur mère, si elle venait à Noyers, et de l'ensevelir honorablement. (*Cart.* CCCLXXXI.)

Un autre fait nous montre tout le prix qu'on attachait à être enseveli par les moines. Hugues, fils d'Aimery, avait eu de longues contestations avec l'abbaye au sujet de la terre de Crullé. Il finit par s'accorder avec eux, et, en gage de concorde, il leur promit sa dépouille mortelle pour être enterrée par leurs soins. Mais, se souvenant bientôt qu'il avait déjà fait le même *don* aux moines de Saint-Jouin, il sentit le besoin de réparer la faute qu'il avait commise envers le monastère de Noyers par cette promesse inconsidérée. Il lui céda donc toute la dime des terres que les moines possédaient déjà ou pourraient acquérir plus tard dans la paroisse de Saint-Étienne de Sérigny. (*Cart.* CDLXXI.)

Terminons par un dernier trait qui se rattache à l'histoire du Poitou.

Un homme noble de Châtellerault, nommé Froger et surnommé Barbe, étant tombé gravement malade, manda ses proches et ses amis, entre autres l'abbé Gaudin et Aimery, proconsul de Châtellerault, et en leur présence il ordonna ses dernières dispositions. Il voulait embrasser la profession monastique sur son lit de mort; mais sa femme, qui espérait sans doute sa guérison, refusa absolument d'y consentir. Privé de cette consolation, Froger fit du moins ce qu'il put : il se donna lui-même au monastère de Notre-Dame de Noyers, de sorte que s'il pouvait jamais être moine, il ne le serait dans aucune autre église; et s'il mourait sous l'habit séculier, il voulait que son corps fût transporté au monastère et enseveli du moins dans le cimetière des moines. Comme aumône, il donna au monastère tout ce qu'il possédait dans la forêt de Molri, et deux sous poitevins de cens que lui devaient les moines de Buxières. Cette libéralité fut confirmée par sa femme Pétronille et par son fils Gaultier.

Le malade revint à la santé, comme l'avait espéré Pétronille; mais à quelque temps de là, il mourut sans avoir pris d'autres dispositions de dernière volonté. L'abbé de Noyers voulait emporter le corps à son monastère, comme il avait été convenu; mais toute la région poitevine étant alors excommuniée, c'est-à-dire frappée d'interdit, Gaudin de Poent n'osa transporter le cadavre au lieu de sa sépulture.

L'interdit d'un diocèse entier étant une mesure extrêmement grave, nous nous sommes demandé quel était le motif de cette rigueur. Nous croyons l'avoir trouvé dans le schisme qui divisa le diocèse de Poitiers, en l'année 1130, à l'occasion du schisme plus général qui divisait la chrétienté entre Innocent II et l'antipape Anaclet II. Guillaume, comte de Poitou, qui avait embrassé le parti de l'antipape, chassa Guillaume, évêque légitime de Poitiers, et lui substitua Pierre de Châtellerault. De là, sans doute, l'interdit qui frappa le diocèse, interdit que l'abbé de Noyers se fit un devoir de respecter scrupuleusement.

Tels sont les faits les plus saillants que nous avons pu relever dans l'administration de Gaudin de Poent. Cet abbé mourut le 17 janvier probablement de l'année 1132, et il eut pour successeur Hugues Ier Bernier.

CHAPITRE VII.

HUGUES Ier BERNIER.

(1132-1149.)

Le caractère de l'administration de l'abbé Bernier est à peu près le même que celui de l'administration de son prédécesseur. L'influence de l'abbaye n'a point diminué; mais il semble que la libéralité des fidèles se refroidit. Nous ne voyons plus guère de domaines importants concédés au monastère de Noyers, et les donations se bornent à quelques morceaux de terre et à quelques dîmes, et encore faut-il les disputer aux parents des bienfaiteurs. Nous ne trouverons donc que des faits secondaires à relever dans les 85 chartes que nous allons passer en revue.

I.

Le premier concerne un échange intervenu entre Marmoutier et Noyers.

Depuis l'an 1050 environ, l'abbaye de Marmoutier possédait l'alleu de Chassagne, qui lui avait été donné dans des circonstances assez intéressantes pour notre histoire locale. Un chevalier, nommé Hugues et surnommé Bourguignon, étant chargé de la défense du château de Sainte-Maure au nom du roi, fut tué pendant un assaut par Geoffroy Martel, comte d'Anjou. Son corps fut transporté à Marmoutier et enseveli honorablement par les moines. Ses deux frères, Matthieu et Dreux de Montoire, vivement affligés de sa mort, donnèrent au monastère, pour le repos de son âme, l'alleu de Chassagne, avec les prés, les vignes et les bois et tout ce qui en dépendait, excepté la dîme. Cet alleu, dit notre charte, est situé en Touraine, vers les confins du Poitou, à trois milles environ du château de Nouâtre, et s'étend jusqu'aux environs de Grizay et du château qu'on appelle vulgairement Groin, *castrum quod vulgo Gronnium appellatur*.

La Chassagne dépendait féodalement de Hugues, seigneur de Genêt, qui l'avait concédé à Hugues Bourguignon. Afin que la jouissance de ce domaine ne fût pas troublée, Matthieu et Dreux de Montoire s'adressèrent au seigneur de Genêt, qui, revenant du pèlerinage de Saint-Sauveur de Charroux, passait précisément par Marmoutier, et ils le supplièrent de ratifier le don qu'ils avaient fait à l'intention de leur frère. L'abbé Albert joignit ses instances aux leurs, et Hugues consentit volontiers à se dessaisir de ses droits. Il se présenta donc au chapitre et sollicita, pour lui et sa femme Agnès, l'association aux prières de l'abbaye; après quoi il signa et fit signer à toute sa suite la charte de donation, qu'il voulut placer lui-même sur l'autel de saint Martin.

Parmi les signataires de cette pièce, nous voyons figurer Herbert, fils d'Albéric et petit-fils de Salutroi, qui, tout évêque du Maus qu'il était, avait épousé dans sa vieillesse Hildeburge et en avait eu plusieurs enfants; Hideardis, mère d'Herbert; Girard, frère d'Agnès et beau-frère de Hugues; Guillaume, fils d'Aszoins, viguier de Châteauneuf, etc., etc.

C'est ce domaine de la Chassagne que les moines de Marmoutier échangèrent plus tard avec les moines de Noyers pour une terre située près de Mondion. L'accord se fit en 1134 entre Eudes, abbé de Marmoutier, et Bernier, abbé de Noyers, et fut ratifié solennellement de part et d'autre en chapitre. (*Cart.* CDLXXIX.)

II.

Les sépultures de personnages importants dans le cimetière des moines étaient toujours l'occasion de pieuses libéralités. Aimeri, vicomte de Châtellerault, avait fait vœu, au temps des abbés Étienne et Gaudin, que, en quelque lieu qu'il mourût sur la terre de France, son corps serait enlevé par les moines de Noyers et enterré dans leur chapitre. Il tomba gravement malade, au temps de l'abbé Bernier, et pressentit sa fin prochaine. Alors, aux applaudissements de tout le peuple, il se fit transporter par la Vienne jusqu'au monastère, et là il sollicita humblement l'abbé Bernier de le revêtir de l'habit de saint Benoît et de lui administrer le sacrement de l'Extrême-Onction. Cette double cérémonie eut lieu le jour de la Toussaint, en présence de Gosbert du Puy, des serviteurs qui l'avaient accompagné et de sa sœur Girberge, religieuse de Fontevrault.

Après huit jours de souffrances, le malade rendit le dernier soupir et fut inhumé dans le chapitre des moines. En apprenant sa mort, son fils Hugues, vicomte de Châtellerault, s'empressa d'accourir avec un grand nombre de chevaliers, et lui rendit les suprêmes devoirs. Puis il se désista solennellement, entre les mains de l'abbé Bernier, de toutes les mauvaises coutumes que son père avait exercées sur les terres de l'abbaye, et s'engagea par serment à être désormais le défenseur et le patron du monastère contre tous ses adversaires. Il donna aussi deux sols de rente pour faire célébrer l'anniversaire de son père. Cette libéralité fut imitée par dix seigneurs de sa suite, qui voulurent témoigner ainsi de l'affection qu'ils portaient à leur défunt suzerain. (*Cart.* CDXCIV.)

On attachait un tel prix, dans ces âges de foi, à l'honneur d'être inhumé par les mains des moines, que les familles et les amis s'imposaient souvent de durs sacrifices pour procurer à leurs chers morts le bénéfice des prières de l'abbaye. Ainsi, Rigaud de Velort étant mort à Loudun, sans laisser de quoi se faire enterrer honorablement, ses parents et ses amis, d'un commun accord, envoyèrent quérir les religieux de Noyers pour enlever le corps et le transporter dans leur cimetière. Pour reconnaître ce pieux office, ils donnèrent à l'abbaye deux morceaux de terre, près du chemin qui conduit de Loudun à Velort. (*Cart.* DXVI.)

III.

Les rixes, suivies de meurtre, paraissent encore assez fréquentes. Ainsi, Jean de Alberiis avait été tué près de la motte de Nouâtre, *subter motam Noestri*, par Urie et ses compagnons. Boson de Alberiis, frère de la victime, profondément affligé, se présenta au chapitre de Noyers, accompagné de ses parents et amis, les quatre frères Turbatus, et là, en présence de l'abbé Bernier et des moines, il donna, pour le repos de l'âme du défunt, tout le fief de l'Ecueillé, avec les vignes, les prés, les terres et le cens, tel, en un mot, que son père Alexandre et sa mère Calva le tenaient d'Urie et de Pierre Goscelin. En signe de tradition, il plaça un bâton sur l'autel de Notre-Dame ; puis il fit ratifier ce don par les frères Turbatus. Alexandre, père de Boson et de Jean de Alberiis, était alors moine à Noyers. Il avait un autre fils, nommé Robert, chanoine de Saint-Georges de Faye, qui, à sa prière, consentit à ratifier l'aumône faite par Boson à l'intention de leur frère Jean.

Le fief ainsi donné dépendait féodalement de Pierre Goscelin.

Celui-ci refusa longtemps de reconnaître la validité de la donation et suscita aux moines mille contradictions et mille querelles. Il était père des meurtriers, ennemi par conséquent de la famille de Alberiis, et son refus était dicté par la haine et la vengeance, comme s'il avait voulu atteindre jusque dans l'autre monde l'infortunée victime. Enfin, touché de la grâce, il se présenta au chapitre des moines, accompagné de son fils Pierre Le Roux, et tous deux consentirent à lever leurs oppositions à la condition cependant qu'on leur paierait 17 livres et demie d'argent.

Les autres enfants de Pierre Goscelin n'étaient pas présents à cette transaction. L'un d'eux, Hugues Goscelin, était malade à Nouâtre, probablement des blessures qu'il avait reçues dans la rixe. Le moine Pierre, cellérier de l'abbaye, alla le trouver sur son lit de douleur et obtint son consentement. Un autre jour, Urie et Aimeri, son frère, et Hugues, fils de Goscelin Pipet de Chambrun, vinrent aussi au chapitre des moines et donnèrent leur adhésion. Adhémar et Jean, autres fils de Goscelin, s'exécutèrent à leur tour et posèrent sur l'autel le bâton, symbole de la tradition de la propriété. Les formalités se complétèrent par la ratification de Hugues de Sainte-Maure, suzerain supérieur du fief contesté. (*Cart.* CDLXXXIII.)

Toutes ces mesures ne constituaient pas, de la part des Goscelin, un grand sacrifice, puisqu'ils ne perdaient pas la suzeraineté du fief de l'Écueillé. Un jour vint où ils comprirent mieux leur devoir et ils cherchèrent à réparer, autant qu'il était possible, la faute qu'ils avaient commise par le meurtre de Jean de Alberiis. Pour cimenter la paix qu'il avait signée avec Boson, Pierre Goscelin fonda un moine dans l'abbaye de Noyers et abandonna aux religieux le denier qu'il percevait chaque jour sur le péage du Port-de-Piles. Cet abandon fut confirmé par tous ses enfants. Parmi les témoins de la charte, nous trouvons le nom de deux maçons, Gautier et Bernier, qui bâtissaient alors à Noyers la chapelle des infirmes. (*Cart.* CDLXXXII.)

Un petit détail nous permet de présumer que les maçons de Noyers travaillaient sous la direction d'Aimeri, maître-maçon de Marmoutier. Nous apprenons, en effet, par le martyrologe-obituaire de Noyers, que l'abbé Bernier, du consentement de tout le chapitre, accorda à cet Aimeri, *cementario Majoris Monasterii magistro*, le bénéfice spirituel de l'abbaye, et lui promit qu'à sa mort on le traiterait comme un des moines de la maison. (*Cart.* DCLVI.) Ce fait prouve évidemment des relations entre Aimeri et Noyers, et ces relations, selon toute apparence, étaient nées de la construction d'une partie du monastère. Cet architecte, dont nous produisons le nom pour la première fois, est sans doute le maître des œuvres qui, sous la direction de l'abbé Garnier, vers le milieu du XIIe siècle, répara tout le couvent de Marmoutier et bâtit la cellérie, la cuisine, le dortoir, le cloître des infirmes et la magnifique chapelle de l'infirmerie, que le pape Alexandre III dédia solennellement en 1162 (1).

Si les moines cherchaient à accaparer complétement la possession du péage de Port-de-Piles, ils ne mettaient pas moins d'ardeur à se faire libérer de quelques péages onéreux, établis sur quelques points où ils avaient de grands intérêts. Ils firent confirmer par Geoffroi de l'Isle, fils de Bouchard, l'exemption dont ils jouissaient déjà sur le marché de l'Isle-Bouchard, et ils obtinrent d'Eschivard de Preuilly et de son fils Geoffroi la libération de tout péage par terre et par eau à Preuilly, à la Guerche et à la Roche-Posay. En témoignage de leur promesse, les deux seigneurs de Preuilly embrassèrent l'abbé Bernier, en présence de Hugues, proconsul de Châtellerault. (*Cart.* CDLXXXVIII et DVI.)

IV.

Certaines chartes nous montrent comme un souffle d'indépendance qui anime les serfs de l'abbaye. Theovinus et Amalvinus avaient essayé de se soustraire aux liens du servage et n'avaient pas hésité à accepter l'épreuve du duel judiciaire pour soutenir leurs prétentions à la liberté. Au moment de se battre, le cœur leur manqua. Ils se mirent humblement à la discrétion de l'abbé

(1) *Marmoutier*, par A. SALMON, dans les *Mémoires de la Société archéologique de Touraine*, t. XI, p. 239.

Bernier et des moines, et reconnurent que leurs pères avaient été serfs de l'église. Cet aveu, qui brisait tous leurs rêves d'indépendance, fut fait en présence de leurs cousins germains, Thibault et Bernier, également serfs de l'abbaye. (*Cart.* CDLXXXIV.)

Les droits respectifs des seigneurs sur les serfs n'étaient pas toujours nettement établis, et des querelles s'élevaient fréquemment pour la possession des hommes de condition servile. Hugues de Sainte-Maure le jeune, fils de Goscelin, s'empara un jour sur la route d'un homme de Noyers, nommé Bérenger, fils de Hubert du Puy, prétendant qu'il était son colliberte. L'abbé Bernier le réclama vivement, affirmant que Hubert du Puy avait été donné à l'église de Noyers par Hugues de Sainte-Maure l'ancien, pour le repos de l'âme de ses enfants, Goscelin et Hugues. L'affaire fut débattue contradictoirement à Noyers, et les témoins produits; sur les preuves qu'on lui fournit, le seigneur de Sainte-Maure consentit à abandonner au monastère le serf Bérenger et sa sœur Gilla, avec toute leur postérité; en un mot, tout ce qui provenait de Hubert du Puy. Ce dernier article entraînait l'abandon des enfants de Poibella, autre sœur de Bérenger, qui s'était mariée à Aimeri Girard. Tous les enfants de Hugues de Sainte-Maure ratifièrent cet accord et reçurent chacun quelques sols, tandis que leur père obtenait 400 sols *in caritate*, somme considérable et qui montre que son abandon n'avait rien de désintéressé. (*Cart.* CDXC.)

Les moines de Noyers et Brisehaste possédaient indivisément la moitié des enfants de Gaultier Belin, savoir : Ulrigo, Vivien et Aldeburge, comme propriétaires de leur père. À la mort de Guillaume de Sainte-Maure, Hugues l'ancien, qui possédait l'autre moitié de ces enfants du chef de leur mère, affranchit la fille. Un peu plus tard, Hugues le jeune, étant devenu seigneur de Sainte-Maure et de Nouâtre, abandonna aux moines tous ses droits sur les fils et le patronage *(la gentie)* de leur sœur Aldeburge. Il offrit lui-même les enfants à l'autel, pendant que les religieux chantaient la messe du dimanche. (*Cart.* DLXIII.)

Une autre pièce nous offre un trait assez curieux des mœurs de ce temps. Geoffroi, seigneur de Marmande, réclamait comme son serviteur et collibert un nommé Girauld Loricus, à cause de sa mère Élisabeth Lorica, qu'il assurait être fille d'un certain David de Do, son serf. Rien n'était moins prouvé que cette paternité; car Élisabeth était née d'une courtisane. Il semble qu'alors la recherche judiciaire de la paternité fût interdite; car les moines n'eurent qu'à alléguer la situation de la mère de Lorica, pour faire tomber les prétentions du seigneur de Marmande. Celui-ci ne se tint pas pour battu, et, quoique n'ayant en réalité aucun droit sur Loricus, il abandonna généreusement ce serf à l'abbaye. Cette libéralité n'avait pas d'autre but que d'arracher aux moines une somme de 25 sols *in caritate;* Bouchard, fils de Geoffroi, obtint douze deniers au même titre. (*Cart.* DLVII.)

V.

Malgré quelques tentatives de révolte facilement réprimées, il est facile de comprendre que le régime de l'abbaye était tout-à-fait paternel pour les serfs et les colliberts. Nous en trouvons la preuve dans l'acte par lequel Tedevin, fils de Hugues, s'engagea volontairement au service de l'abbaye. Tout le temps qu'il voudrait travailler au service des moines, il devait recevoir du monastère le pain, le vin et les vivres, comme un de leurs meilleurs serviteurs, sans aucune autre rétribution; si, au contraire, il désertait le service de l'Église pour s'occuper exclusivement de ses propres travaux, il devait se nourir à ses frais. Pour cimenter cet accord, Tedevin abandonna aux religieux un cheval qu'il avait acheté 40 sols, et ceux-ci l'associèrent au bénéfice spirituel de la maison; ils lui cédèrent aussi la vigne de Vitré, pour en jouir sa vie durant. (*Cart.* CDLXXXIX.)

Ces concessions de terres, soumises à de faibles redevances, se présentent assez fréquemment dans l'administration de l'abbé Bernier. Les religieux de Noyers concédaient volontiers quelques morceaux de terre arable, à la condition pour les détenteurs d'y bâtir une maison *(hospitagium)* et de payer la septième gerbe du revenu ; ils livraient aussi quelques portions de bois, à la condition expresse de les défricher, en se réservant rigoureusement le droit de les reprendre, si l'exploitation n'avait pas commencé dans un délai déterminé. Grâce à ces facilités, le sol, auparavant désert et inculte, se couvrit peu à peu d'habitations et de cultures. (*Cart.* DXLVI et DLVIII.)

VI.

Plusieurs chartes nous apportent des renseignements topographiques qu'il est bon de ne pas négliger. Nous venons de voir que vers l'an 1134 on bâtissait, à Noyers, la chapelle de l'infirmerie, date précieuse, s'il subsistait encore aujourd'hui quelques débris de cet édifice. Une autre charte nous parle, à Chinon, d'une léproserie qui existait près d'un carrefour, au-dessus de Saint-Mexme, *super Sanctum Maximum Cainonis castri in quadruvium ad domum leprosorum*. Cette dernière indication, en précisant les environs de Saint-Mexme, sur la rive droite de la Vienne, ne permet donc pas de rapporter ce renseignement au lieu appelé Saint-Lazare, sur la rive gauche, près de Parilly. Tout vague qu'il soit, ce renseignement peut trouver sa place dans l'histoire de Chinon au XIIe siècle. (*Cart.* CLXCV.)

Sur les bords de l'Indre, Jean de Montbazon avait enlevé aux moines de Noyers le bois de Menne, la terre et les *essarts* voisins, qu'ils possédaient de temps immémorial, et il s'en était emparé pour construire l'enceinte de sa forteresse, *ad castrum suum claudendum*. L'abbé Bernier réclama et cita le seigneur de Montbazon aux plaids du comte d'Anjou. Les barons, après avoir entendu la cause, décidèrent qu'il fallait recourir au duel judiciaire. L'abbé ne manqua pas, au jour marqué, de se présenter devant la cour; mais Jean de Montbazon, qui n'avait sans doute pas la conscience en repos, s'abstint de comparaître pour soutenir son droit les armes à la main, et fut condamné par défaut. (*Cart.* DXXIX.)

D'après Chalmel, Jean de Montbazon aurait vendu sa seigneu

rie, en 1115, à Foulques le Jeune, comte de Touraine, entre les mains duquel et de ses successeurs elle serait demeurée jusqu'à l'année 1204, époque de la réunion de la Touraine à la couronne. Notre charte, qui doit nécessairement trouver sa place entre les années 1132 et 1149, vient modifier cette énonciation, et nous pouvons en conclure, ou que Jean de Montbazon se dépouilla de son château postérieurement à l'année 1115, ou que le comte d'Anjou le lui rendit dans certaines conditions de vassalité qui nous demeurent inconnues.

VII.

Nous avons vu plus haut que la possession de l'église de Sainte-Maure avait été vivement contestée aux moines de Noyers. Après la sentence rendue en leur faveur, ils en jouirent paisiblement pendant une trentaine d'années, sous la prélature des abbés Étienne et Gaudin ; mais, au temps de l'abbé Bernier, une nouvelle tempête s'éleva au sujet des revenus de la même église, que les prêtres séculiers attachés à son administration, Guillaume le vicaire et son compagnon, Guillaume Tebert, disputaient aux moines du prieuré. La querelle s'échauffa en 1139, pendant que Bernier était à Rome au second concile de Latran, convoqué par Innocent II. A son retour, l'abbé de Noyers trouva les esprits fort envenimés et ne put réussir, ni par les voies de douceur, ni par les moyens judiciaires, à faire reconnaître par l'archevêque Hugues de la Ferté et par ses clercs les droits de son monastère, tels qu'ils avaient été confirmés par l'archevêque Raoul II.

Devant cette résistance, l'abbé Bernier n'hésita pas à porter l'affaire à Rome, et il plaida lui-même la cause de l'abbaye de Noyers, dans l'audience publique du palais apostolique, en présence du Pape et d'un auditoire d'élite. L'archevêque de Tours s'était fait représenter à ce procès par l'archiprêtre Théovin. Le bon droit l'emporta, et Innocent II, après avoir entendu l'affaire, rendit une sentence qui restituait à Noyers tous les droits reconnus par l'archevêque Raoul.

Pour mettre cette sentence à exécution, le Pape députa Geoffroi, évêque de Chartres, légat du Saint-Siége en France, et lui enjoignit d'investir les religieux de Noyers de tous les droits et de tous les ornements de l'église de Sainte-Maure. Le légat, pour remplir cette mission, profita d'une brillante réunion de prélats et de personnages marquants, qui se tint à Fontevrault, peu de temps après. Il s'y trouvait les archevêques de Tours et de Bordeaux ; les évêques de Poitiers, de Nantes et de Rennes ; les abbés de Marmoutier, de Saint-Florent, de Bourgueil, de Bonneval, de Saint-Julien de Tours et plusieurs autres ; le doyen et le trésorier de l'Église de Tours ; trois archidiacres de Poitiers et l'archidiacre de Chartres, chapelain du légat. En présence de cet imposant auditoire, le légat du Saint-Siége prescrivit à l'archevêque Hugues d'investir les religieux de Noyers, selon la sentence du Pape, de tous les droits dont ils jouissaient anciennement sur l'église de Sainte-Maure. L'archevêque céda et envoya un de ses clercs, l'archiprêtre Théovin, mettre l'abbaye en possession. Le partage des droits respectifs du prieuré et du vicariat fut ainsi reconnu et sanctionné :

Aux cinq principales fêtes de l'année et pendant leurs octaves, toutes les offrandes appartenaient aux religieux, à l'exception des offrandes du seigneur de Sainte-Maure, de sa femme, de ses enfants, de son écuyer, des deux suivantes de sa maison, de son viguier et de sa femme, et de son receveur des péages et de sa femme. A la fête de sainte Maure, tout était employé à la réfection des serviteurs et des officiers de l'église. L'offrande qui se faisait à la croix le dimanche des Rameaux se partageait par moitié entre les moines et les prêtres séculiers. Il en était de même pour les autres fêtes de l'année et pour tous les droits provenant des jugements de Dieu, des épreuves judiciaires, des sacrements et des services pour les morts, le corps présent. La bénédiction des mariés et leurs offrandes, les relevailles, le pain, le cierge et le denier qu'on donnait à cette occasion, appartenaient exclusivement aux vicaires. Les douze deniers qu'on payait habituellement pour une sépulture se partageaient par moitié, ainsi que tous les revenus territoriaux. Quant aux prédicateurs étrangers, ils devaient être invités, d'abord par les religieux, puis par les vicaires. (*Cart.* DXXXIV.)

Ainsi se termina le procès que l'abbé Bernier n'avait pas craint de porter à Rome, au tribunal supérieur du Pape. L'intervention d'Innocent II et la solennité de l'exécution de sa sentence nous révèlent assez l'importance des intérêts matériels engagés dans le débat, quoiqu'il nous soit difficile aujourd'hui d'apprécier la valeur des offrandes que la piété des fidèles déposait sur les autels aux jours des grandes solennités.

VIII.

Terminons l'histoire de la prélature de l'abbé Bernier par l'examen de trois pièces qui font allusion au plus grand événement de son temps, c'est-à-dire à la seconde croisade proclamée en 1146 à l'assemblée de Vézelai.

Un chevalier, nommé Aimeri Daver, contestait aux moines de Noyers les dîmes de Doucé et d'Aurigny, qui provenaient de la libéralité de Rainaud Freslon. Après de longues contestations, le procès fut porté au plaid de l'archevêque Hugues de la Ferté, qui se prononça en faveur du monastère. Aimeri abandonna tous ses droits, à la condition que les religieux chanteraient une messe à sa mort et inscriraient son nom dans leur martyrologe; et, comme il se disposait à partir pour Jérusalem, l'abbé Bernier lui donna sept livres à titre gracieux, *in caritate*. (*Cart.* DLIII.)

Boson de Furniolis, ayant revêtu l'habit de saint Benoît au monastère de Noyers, légua à l'abbaye une grande partie de ses biens, entre autres ceux de Poligny. Cette donation fut ratifiée par ses enfants et par ses neveux. Un de ces derniers, nommé Thomas, qui partait pour la Terre-Sainte, donna à l'abbé Bernier, dans le cloître de Saint-Romain, et devant le chapitre, ce qu'il possédait à Poligny. L'abbé, pour reconnaître cette pieuse libéralité, lui fit présent de deux coupes d'argent (*Cart.* DLV.)

Dans une circonstance semblable, au moment de s'embarquer

pour l'Orient, un autre chevalier, nommé Guillaume Gorron, voulut aussi laisser à l'abbaye un témoignage de sa piété, et il lui abandonna quelques cens, avec le droit de past dans ses bois, et quatre arpents de bois pour le chauffage du prieuré de Guenay. En même temps, il institua son fils Maurice défenseur et gardien du monastère, appelant la malédiction divine sur sa tête, s'il négligeait ce devoir sacré. (*Cart.* DLVI.)

A Lahaye nous trouvons le souvenir des frères hospitaliers de Saint-Jean de Jérusalem, qui avaient été reconnus depuis peu comme ordre militaire. Un des chevaliers de cette pieuse maison, Pierre, fils d'Hilaria, s'entendit avec l'abbé Bernier, au sujet de certains cens que les frères hospitaliers payaient à Noyers pour une maison d'habitation qu'ils possédaient à Lahaye. Cet accord fut fait en présence d'Araud, frère de Pierre, et de leur mère Hilaria. Il est donc probable que la maison en question avait été donnée aux hospitaliers par Pierre, quand il s'engagea dans leur ordre. (*Cart.* DLI.)

Nous ne voyons point que Hugues de Sainte-Maure ait été au nombre des chevaliers qui partirent avec Louis le Jeune pour Jérusalem. Une de nos pièces nous indique vraisemblablement la cause de son abstention. Hugues avait construit un nouveau château qui, de sa situation, fut appelé *Groin;* en effet, il était placé au Bec-des-Deux-Eaux, sur le point qui s'avance en forme de bec ou de groin au confluent de la Vienne et de la Creuse. C'était une excellente position militaire, admirablement défendue par les deux rivières, et les seigneurs du voisinage avaient dû la remarquer de bonne heure ; car nous venons de la voir mentionnée dans une charte de Marmoutier de l'année 1050. Hugues y ayant bâti de nouvelles défenses, leva des péages sur les marchands de la Vienne et de la Creuse, comme il faisait dans ses autres domaines, et lésa ainsi les droits de l'abbaye. Quelque temps après, le seigneur de Sainte-Maure ayant tenté de surprendre et de détruire la maison de Hugues Loo, fut blessé à la tête d'un coup de flèche. Il se fit porter à son château et appela un médecin pour se faire opérer. Comme la blessure était grave et entraînait péril de mort, Hugues de Sainte-Maure pensa à réparer les torts qu'il avait pu commettre, et en présence du Saint-Sacrement il se désista du péage qu'il avait levé injustement sur les hommes du bourg de Noyers, et s'engagea par serment à ne plus l'exiger désormais. Ses deux fils Guillaume et Goscelin firent la même promesse. Les témoins de cet acte furent Hugues, vicomte de Châtellerault, et son frère Raoul, Pierre de Montrabé, Bouchard de l'Isle, Pierre Goscelin, Hélie de Grillemont, Guillaume, archiprêtre, et plusieurs autres qui avaient accompagné l'abbé Bernier. (*Cart.* DLXII.)

D'après D. Fonteneau, il faudrait rapporter cette charte à l'année 1149. Ce serait, selon M. Hauréau, la dernière année de l'abbé Bernier, qui aurait ainsi gouverné le monastère de Noyers pendant 17 ans. Les chroniques de l'abbaye nous représentent Bernier comme un homme de bon conseil, d'une grande austérité de mœurs, très-zélé pour l'observance de la discipline et sachant cependant se concilier l'affection générale. C'est un éloge complet en quelques paroles.

CHAPITRE VIII.

L'ABBÉ GILLES.

(1149-1176.)

I.

La prélature de l'abbé Gilles ne nous présente qu'un très-petit nombre de faits de quelque intérêt, dignes d'être notés par l'historien.

Les plus importants se rattachent à ces rixes et à ces querelles de seigneurs qui, comme nous l'avons déjà fait remarquer, ensanglantèrent trop souvent la Basse-Touraine au XIe et au XIIe siècle. Guillaume Turbatus, ayant tué un chevalier, fonda un moine dans l'église de Noyers et donna pour cette fondation trois setiers de froment et douze deniers de revenu annuel. Les moines en jouirent paisiblement pendant la vie du donateur.

Mais, à sa mort, son fils Guillaume enleva à l'abbaye l'écluse du Port-de-Piles et ne la restitua qu'à la condition qu'on abolirait la rente des trois setiers de froment et des douze deniers. Ce Guillaume étant mort après cet accord, son frère Hélie refusa de reconnaître l'arrangement, non en ce qui concernait l'abolition des charges, mais en ce qui concernait l'écluse contestée. Cette nouvelle querelle n'avait pas d'autre but que d'arracher aux religieux un don de quarante sols, prix de la ratification à laquelle Hélie consentit enfin. Ces brillants chevaliers, si magnifiques en certaines occasions, avaient souvent de ces petitesses, et ils ne rougissaient pas de susciter des procès mal fondés, pour obtenir des moines, toujours pacifiques, quelque petit présent. (*Cart.* DLXIV.)

Hugues le jeune, seigneur de Sainte-Maure, nous fournit un nouvel exemple de ces mesquineries. Son aïeul, Hugues l'ancien, avait donné à Noyers la dîme du fief d'Anzai ; mais, comme cette dîme était alors occupée par Pierre Goscelin et son frère, qui refusaient de s'en dessaisir, il avait abandonné aux religieux, comme compensation, trois parts du moulin de Bonnevoie, à la condition que les moines garderaient ce moulin, jusqu'à ce que la dîme promise leur eût été livrée entièrement, libre et quitte de toute réclamation. Cette situation provisoire dura des années.

Hugues le jeune, ayant succédé à son aïeul, batailla longtemps avec Pierre Goscelin. La paix fut enfin signée entre les deux seigneurs, et l'une des conditions du traité fut que la moitié de la dîme d'Anzai serait cédée au seigneur de Sainte-Maure, l'autre moitié appartenant à la famille Goscelin. Ainsi investi d'une partie du bien contesté, Hugues alla trouver les moines de Noyers, et, quoiqu'il fût loin de remplir les conditions stipulées par son grand'père, il fit tant par ses prières et ses promesses qu'il obtint de rentrer en possession du moulin de Bonnevoie, moyennant la cession de la moitié de la dîme d'Anzai. Les moines consentirent à cette transaction, dans l'espoir sans doute que le seigneur de Sainte-Maure les récompenserait plus tard du sacrifice qu'il leur demandait en ce moment. (*Cart.* DLXVII.)

II.

Les moines de Noyers n'étaient pas toujours aussi conciliants que nous venons de les représenter, et, quand leurs intérêts étaient trop grièvement lésés, ils savaient se défendre hardiment contre des prétentions injustes. Hugues, vicomte de Châtellerault, l'éprouva.

« Il arrive souvent, dit notre charte, que par l'audace de prévôts peu honnêtes de mauvaises coutumes sont introduites et que les droits de la liberté ancienne sont interrompus. » Cette réflexion est motivée par les empiétements des prévôts du vicomte. Ceux-ci venant à Buxières, empruntèrent artificieusement aux habitants les mesures qu'on appelait *mines* ou *prébendiers*, sous prétexte d'avoir quelque mesurage à faire, et, après en avoir constaté la capacité, dressèrent des procès-verbaux d'inexactitude dans les mesures. Les prétendus délinquants furent ensuite cités au tribunal du vicomte de Châtellerault, pour être condamnés comme détenteurs de fausses mesures. A cette nouvelle, l'abbé Gilles, accompagné de Pierre Goscelin et de Pierre, prieur de Buxières, se présente au tribunal de Hugues, convainc les prévôts de mensonge, démontre que l'inexactitude des mesures, si elle était constatée, relevait exclusivement de la justice de Noyers, et revendique hautement la liberté de son église, seule apte à juger, sur le territoire du prieuré de Buxières, de toutes les questions de sang, de justice ou de forfait.

Le vicomte Hugues, frappé des raisons qu'on opposait aux prétentions de ses prévôts, reconnut tous les droits de l'abbaye de Noyers, sans négliger cependant de percevoir pour ses épices quatre livres en pur don, *in caritate*. Cette sentence fut rendue en présence de Pierre Goscelin, de Pierre de Villaret, alors préteur de Châtellerault, de Geoffroi de Marmande et de son fils Bouchard. (*Cart.* DLXXVI.)

Ici nous voyons l'abbé de Noyers céder quelque chose de ses droits, tout en les défendant avec énergie; ailleurs nous le trouvons plus ferme et n'hésitant pas à recourir aux armes redoutées de l'excommunication.

Gaultier Ermenald avait légué aux moines de Noyers onze arpents de terre sis au lieu de Colombiers. Après une longue jouissance paisible, les religieux se virent inquiétés dans leur possession par Pierre Foillet, qui leur enleva ce domaine par violence. L'excommunication frappa bientôt l'usurpateur et tous ceux qui consentirent à tenir de lui quelque portion du domaine usurpé. Enfin, Girauld Foillet, fils de Pierre, déplorant les erreurs de son père et voulant les réparer, restitua les onze arpents à l'abbaye et y ajouta en pure aumône deux autres arpents de terre, pour lesquels il reçut néanmoins 60 sols *in caritate*. En outre, l'abbé Gilles, qui lui servait annuellement quatorze deniers de cens pour un bien situé à Poizay, lui paya, pour l'abolition de cette redevance, une somme de quinze sols, et donna à sa femme Ersende une *mine* de fèves. Le rédacteur de la charte nous fait remarquer qu'à cette date, que D. Fonteneau estime être l'année 1155, toutes les denrées se vendaient à haut prix. (*Cart.* DLXXIV.)

L'abbaye de Noyers employa l'arme de l'excommunication dans une autre circonstance où il s'agissait d'une dîme donnée par Gui de Sepmes et sa mère Barbotta, pour la profession religieuse de Goscelmus, leur frère et leur fils. Au temps de l'abbé Bernier, Goscelin, fils de Gui, emporté par l'esprit d'orgueil, enleva aux religieux la dîme en question ; et, comme il persévérait dans sa malice, il fut frappé d'anathème par Engebauld, archevêque de Tours, et privé à sa mort des honneurs de la sépulture ecclésiastique. A quelque temps de là, Agathe, veuve de Goscelin, et leurs deux enfants, Guillaume et Huon, déplorant la mort misérable de Goscelin, firent la paix avec l'abbaye. L'abbé Gilles se chargea de faire élever, pour la profession religieuse, dans l'église de Fontevrault, Létitia, fille de Goscelin, qui n'était encore qu'une enfant ; et les héritiers de Goscelin lui restituèrent la dîme contestée. Cet accord fut sanctionné par le suzerain, Hugues de Sainte-Maure, et par ses trois fils. (*Cart.* DLXXIX.)

III.

Le partage des oblations de l'église Saint-Étienne de Savigny entre les moines du prieuré dudit lieu et le chapelain nous présente quelques traits bons à noter pour l'histoire des coutumes religieuses de ce temps.

D'après le règlement de l'abbé Gilles, toutes les offrandes en numéraire appartiennent pour les deux tiers aux moines, et pour l'autre tiers au chapelain, excepté le droit de présence de chaque assistant, fixé à deux écus *(nummus)* dans les grandes solennités, et à un écu pour tous les autres jours. Les oblations personnelles des époux le jour de leurs noces, et de la mère le jour de ses relevailles, sont pour le chapelain qui fait la cérémonie ; mais les oblations des personnes qui accompagnent les époux se partagent comme le numéraire. Les pains offerts le jour de Noël et le lendemain appartiennent au prêtre ; ceux du jour des Innocents et de la Circoncision sont pour le chapelain ; en toute autre circonstance, ils sont partagés comme il a été dit plus haut. Tous les cierges sont pour les moines, excepté les cierges offerts aux Ténèbres, aux noces et à la fête des Innocents, lesquels suivent la loi ordinaire du partage. Les moines ont droit intégralement aux pains des Rogations et à la dîme des porcs et des agneaux. Aux messes des morts, chacun des officiants garde pour lui l'offrande qu'on dépose dans sa main. Les prédicateurs seront reçus d'abord par le prieur, puis par le chapelain. Le Vendredi-Saint, toute la cire est aux moines, avec la moitié des œufs. Chaque nuit, le chapelain doit donner au prieur un demi-pied de cierges pour chanter les matines. (*Cart.* DLXXIII.)

Ces anciens usages ne sont pas complètement abolis partout. En plusieurs lieux il en reste encore des traces manifestes ; mais ce ne sont plus guère que des traditions, et les offrandes ont cessé depuis longtemps d'être un élément de revenu pour les ecclésiastiques.

IV.

Nous recueillons dans plusieurs pièces quelques indications topographiques précieuses.

Payen d'Azay livra son jeune frère Raoul à l'abbé Gilles, pour le préparer à la vie monastique. Pour subvenir à ses besoins, il fit plusieurs dons à l'abbaye, et, entre autres choses, il lui céda sa part dans deux arpents de pré qu'il possédait indivisément avec les moines de Beaulieu : Payen, dit notre charte, fauchait le pré d'un côté une année, et les moines fauchaient de l'autre côté ; l'année suivante, les rôles étaient intervertis. Ces diverses donations furent confirmées sur le pont de Bray (aujourd'hui Reignac) par Raoul, seigneur de Bray. (*Cart.* DLXXXVI.)

Nous savons que l'ancienne voie romaine allant d'Amboise et de Bléré à Loches franchissait l'Indre à Bray, à cause des marécages qui séparaient autrefois Loches de Beaulieu. Sur ce passage très-fréquenté, un pont était construit en l'année 1160, date approximative de notre charte. C'est la plus ancienne mention que nous connaissions du pont de Reignac ; il avait sans doute été construit en même temps que le pont de Bléré, œuvre du milieu du XIIe siècle, mentionné dans une charte de 1168. Il n'est point téméraire d'attribuer ces travaux à Henri II Plantagenet.

Une pièce, malheureusement tronquée et sans date, nous signale le pont de Lahaye sur la Creuse. Selon toute vraisemblance, ce pont avait été établi sur une voie antique, en remplacement d'un gué ou d'un bac, et c'est là probablement que Clovis franchit la Creuse, quand il marcha contre les Visigoths. Cette ligne est demeurée jusqu'au siècle dernier la grande route d'Espagne. (*Cart.* DXCV.)

La charte DXCVII, nous transportant sur le bord de la Loire, nous parle d'un morceau de pré situé près du pont de Saint-Patrice, entre la route du comte *(callem comitis)* et le ruisseau nommé le Lane *(Lienus)*. La route ici marquée est-elle l'ancienne voie romaine de Tours à Angers? Ou faut-il y voir la levée de la Loire agrandie par les soins de Henri II, comte d'Anjou? Les éléments nous manquent pour nous prononcer sur ce point; mais le dernier sentiment nous paraît le plus vraisemblable.

Un autre problème est soulevé par une pièce de l'an 1160, où il est question de Guanilon, archiprêtre de Montbazon. Cette qualification a grandement lieu de nous étonner. A cette époque, en effet, le bourg de Montbazon dépendait de la paroisse de Veigné et ne possédait qu'une simple chapelle sans juridiction. C'est seulement en 1243 que, à la demande de Richard, curé de Veigné, la chapelle de Montbazon fut unie à l'église de Veigné, comme à sa mère, *tanquam matrici ecclesiæ*, et reçut, avec le titre de chapelle succursale, quelques-unes des attributions paroissiales (1). Que pouvait donc être, au XIIe siècle, l'archiprêtre de Montbazon? (*Cart.* DLXXXVII.)

L'abbé Gilles assista aux premiers développements d'une nouvelle maison religieuse de l'ordre de saint Benoît, élevée en 1138, presque en face de Noyers, à Bois-Aubry, sur le plateau qui domine la rive gauche de la Vienne et près des terres et des bois que Noyers possédait à Luzé. Bien loin de se montrer hostile au monastère naissant et de voir en lui un compétiteur redoutable, Gilles s'empressa de se mettre avec Bois-Aubry en relations de bon voisinage et en communion de prières. A l'annonce de la mort d'un des moines profès de Luzé, les moines de Noyers devaient aussitôt sonner le glas funèbre, célébrer un service complet avec toutes les solennités accoutumées, nourrir un pauvre ce jour-là au réfectoire, dire un *trentain* de messes pour le défunt et inscrire son nom au martyrologe-obituaire de la maison, pour en rappeler chaque année le souvenir, au jour

(1) *Cartulaire de Cormery*, charte XCI, dans le tome XII des *Mémoires de la Société archéologique de Touraine.*

anniversaire de la mort ; en outre, chaque prêtre devait chanter trois messes, et les autres réciter les psaumes à la même intention. Les religieux de Bois-Aubry s'imposèrent les mêmes obligations pieuses pour les religieux de Noyers. Touchantes marques de cette fraternité spirituelle qui, de tous les chrétiens, fait les membres d'une même famille ! (*Cart.* DCLVII.)

Les chartes qui concernent l'abbé Gilles ont été écrites par Aimeri Potin, *armaire* ou bibliothécaire de l'abbaye. Ce fut cet Aimeri Potin qui commença la bibliothèque du monastère. L'abbé Gilles voulut que la garde des manuscrits constituât une des charges de la maison, et attribua des revenus spéciaux à cet office nouveau. Une charte de l'an 1248 nous fait connaître les revenus de l'*armarius*. La somme s'en élevait, à cette date, à trente-deux sols et cinq deniers, sans compter les redevances en froment, baillarge et avoine. (*Cart.* DXI et DCXLVII.)

Aimeri Potin n'est pas le premier bibliothécaire de Noyers. Avant lui nous trouvons deux autres *armaires*, chargés de la rédaction et de la garde des titres du couvent : Herman, *custos armarii*, sous l'abbé Étienne, vers l'an 1105, et Herbert, sous l'abbé Bernier, vers l'an 1144. (*Cart.* CCCXXXIII et DXLVI.)

L'abbé Gilles gouverna le monastère de Noyers pendant vingt-six ans. Il mourut le 20 octobre, d'après le nécrologe de l'abbaye, l'an 1172, selon Mabillon, et plus vraisemblablement l'an 1176, d'après les remarques de M. Hauréau.

CHAPITRE IX.

L'ABBÉ HENRI.

(1176-1198.)

I.

Quarante-six chartes nous parlent de l'administration de l'abbé Henri, mais sans ajouter de renseignements bien nouveaux à ceux que nous ont fournis les six cents pièces précédentes. Les seules notes intéressantes qu'on y puisse relever concernent des faits de guerre.

La charte DCIV mentionne la guerre qui éclata entre Henri II et ses enfants, au grand détriment de la Touraine, siége naturel de ces luttes lamentables. Menacée par l'ennemi, toute la population de Champigny s'était réfugiée dans l'église Notre-Dame, espérant être sauvée par la sainteté du lieu. Une nuit la lumière manqua, par la négligence des clercs. Alors la lampe suspendue devant le crucifix s'alluma miraculeusement, à la vue d'un grand nombre de témoins. Ému de ce prodige, Robert de Blo, seigneur de Champigny, voulut que désormais la lampe miraculeuse fût allumée toutes les nuits et fonda des revenus à cette intention. Il voulut en outre que tous les habitants présents et futurs de la paroisse fussent serfs de l'église, et il investit de ces droits Odon, prieur de Champigny. Cet événement se passa au temps de l'abbé Henri.

Les habitants de Champigny avaient sans doute de bonnes raisons pour redouter les gens de guerre ; et il est probable que le passage de ces troupes plus ou moins irrégulières devait être accompagné de pillage et de violences de toute sorte. Aussi les moines de Noyers revendiquaient-ils avec énergie le privilége qui les exemptait du logement militaire.

Au temps qu'Étienne Emmenuns gérait la préfecture d'Angers, ayant pour lieutenant Geoffroi de Marnai, Payen Grens, maire de la commune d'Angers, conduisant ses troupes au commandement de Henri II, passa par l'Isle-Bouchard, et exigea et prit par violence le droit de *procuration*, c'est-à-dire de gîte et de vivres, dans la maison de Saint-Gilles. Justement alarmés de cet empiétement, les moines de Noyers portèrent l'affaire à Angers, devant Emmenuns et Geoffroi, qui la firent examiner en la cour du roi. Les jurés du roi et les baillis qu'il avait députés en Touraine reconnurent unanimement que le prieuré de Saint-Gilles était exempt de toute charge de guerre. Payen, convaincu par ces témoignages, fut condamné à restituer vingt sols au prieur ; et cette sentence fut promulguée à l'indiction de la mi-carême, sur le pont d'Angers, dans la maison de Jean Engelard, un des juges du roi.

Quelque temps auparavant, le prieuré de l'Isle-Bouchard

avait été menacé d'une exaction semblable. Barthélemy Rotland, prévôt d'Angers, traversant la Touraine à la tête de ses troupes, avait voulu exiger le droit de procuration à Saint-Gilles ; mais, averti par les clients de Henri II et par ses propres serviteurs de l'injustice de ses prétentions, il s'empressa de se désister de ses demandes. (*Cart.* DCXV.)

Les querelles qui divisaient les princes et les seigneurs se trouvèrent momentanément suspendues par la troisième croisade, entreprise en 1190. Parmi les chevaliers qui partirent pour la Terre-Sainte, nous voyons figurer Matthieu Peloquin, à l'occasion d'un emprunt de trente livres qu'il fit dans ce but à Josbert de Pressigny. Celui-ci étant mort, Peloquin obtint de Guillaume de Pressigny et de Domète, sa mère, la remise de sa dette, à la condition qu'il fonderait une rente annuelle de douze sols en deux monastères pour le repos de l'âme de Josbert. L'abbaye de Noyers reçut une de ces fondations, et se chargea de célébrer chaque année l'anniversaire de Josbert de Pressigny et d'inscrire son nom au martyrologe de la maison. (*Cart.* DCXLIII.)

II.

Hugues de Sainte-Maure était mort à l'époque de la troisième croisade, si l'on s'en rapporte à la date de 1180 assignée par D. Fonteneau à la charte DCXIII. Cette pièce nous apprend que ce seigneur, atteint d'une maladie mortelle, manda l'abbé Henri, reçut de ses mains le sacrement de l'Extrême-Onction, et expira la nuit suivante. Ses deux fils Guillaume et Goscelin firent transporter le corps au monastère de Noyers pour y recevoir une sépulture honorable, suivant la coutume des seigneurs de Sainte-Maure. Barthélemy de Vendôme, archevêque de Tours et légat du Saint-Siége, s'empressa d'accourir pour rendre les derniers devoirs au défunt. Avant de procéder à la sépulture, l'abbé Henri convoqua le chapitre, en présence des enfants de Hugues, donna au mort le bénéfice complet de l'abbaye, régla qu'on ferait pour lui comme pour un moine profès, tant aux messes qu'à l'anniversaire, et institua un moine à son intention. Guillaume, pour reconnaître ces attentions pieuses, donna à l'église de Noyers un muid de blé à prendre chaque année sur sa terre de Sainte-Maure, dont il héritait. Cette fondation eut lieu en présence de Hugues de Chauvigny, d'Aimeri, fils d'Ivon, de Hugues de Chambon et de plusieurs autres amis et clients de Hugues de Sainte-Maure, accourus pour assister à sa sépulture.

III.

L'abbé Henri figure pour la dernière fois dans une charte datée du 1er octobre 1197, la seconde année du règne de Richard, roi d'Angleterre, lorsque ce prince revint de sa prison d'Allemagne. Il gouverna l'abbaye de Noyers encore pendant quelque temps, au moins jusqu'en l'année 1198, et il eut pour successeur Odon d'Azay.

Les chartes qui concernent son administration ont été rédigées par deux bibliothécaires, successeurs d'Aimeri Potin : Geoffroi, sous-prieur, qui paraît jusqu'en 1188 (*Cart.* DCXXXIX et DCXLI) ; et Jean Harotel, qui prend, en 1193, le titre de prieur et d'*armaire*. (*Cart.* DCXLIV.)

Avec la charte DCXLV, datée de 1197, s'arrête le cartulaire de Noyers. Ce cartulaire, selon les notes de D. Fonteneau, aurait été écrit à la fin du XIIe siècle ou au commencement du XIIIe. On peut, sans invraisemblance, en attribuer la transcription à Jean Harotel, dans les attributions duquel rentraient ces sortes de travaux.

La dernière pièce que nous venons de citer est suivie de six autres chartes, datées de 1244 à 1455, et écrites bien postérieurement à l'ensemble du volume, comme il était facile de le reconnaître, dit D. Fonteneau, au caractère de l'écriture. Nous analyserons ces documents dans la liste générale des abbés de Noyers.

CHAPITRE X.

Catalogue général des abbés.

Notre tâche serait imparfaite, si nous nous arrêtions à la fin du XIIe siècle. Quoique les documents nous fassent généralement défaut à partir de cette date, il nous a paru convenable de transcrire ici le tableau complet des abbés de Noyers, en ajoutant au nom de chacun d'eux, les renseignements qui nous ont été transmis à son sujet. Nous empruntons ces notes sommaires au travail de M. Hauréau (*Gallia christiana*, t. XIV), et aux mémoires de l'abbaye copiés par D. Housseau (t. XIV et XVIII.)

I. Evrard ou Ebrard, 1031.

II. André, 1032-1062.

III. Geoffroi, 1062-1072.

IV. Rainier, 1072-1080.

V. Étienne, 1080-1111.

VI. Gaudin de Poent, 1111-1132.

VII. Hugues Ier Bernier, 1132-1140.

VIII. Gilles, 1140-1176.

IX. Henri, 1176-1198.

X. Eudes ou Odon d'Azay, cellérier de l'abbaye de Noyers et prieur de Sainte-Maure, succéda à Henri en qualité d'abbé, dans le courant de l'année 1198. En apprenant cette élection, qui s'était faite par les moines, suivant l'usage ancien, en dehors de toute intervention étrangère, Robert de Turneham, alors sénéchal d'Angers, prit des informations et acquit la conviction des libertés de l'abbaye. Plein de respect pour les droits des religieux, il fit dresser un procès-verbal de l'élection par un notaire magnifique et l'envoya à Richard d'Angleterre, comte d'Anjou et de Touraine. Le roi ratifia l'élection, confirma la liberté du monastère par ses lettres et enjoignit à son sénéchal de prendre l'abbaye sous sa protection. Cela se passait avant le mois d'avril 1199, date de la mort de Richard Cœur-de-Lion. (*Cart.* DCLVIII.)

En transmettant ce fait à la postérité, le rédacteur de la charte ne manque pas de rappeler que l'abbaye, dès le jour même de sa fondation, a joui d'une complète liberté dans l'élection de ses abbés, sans aucune contradiction de la puissance ecclésiastique ou de la puissance séculière, et qu'il est inouï que le choix des religieux ait été entravé par une autorité étrangère. Et, après avoir raconté l'incident soulevé par Robert de Turneham, s'adressant à ses successeurs, il leur dit : « Voilà ce que nous croyons devoir vous transmettre, afin que vous connaissiez sûrement la liberté de votre Église, que vous la proclamiez constamment et que vous la défendiez virilement, s'il est nécessaire. »

En 1203, Nivelon, seigneur de Faye, accorda à l'abbaye une foire d'un jour, qui devait se tenir sur le plateau des landes de Razines, à Saint-Gilles-des-Couls, le jour anniversaire de la dédicace de la chapelle de ce prieuré ; il y ajouta tous les droits, le domaine et la justice de cette foire, et fit ratifier ce don par ses enfants. C'était une concession importante, destinée à vivifier le commerce dans toute cette région.

Odon d'Azay mourut le 29 septembre, après neuf ans de prélature, ce qui rattache sa mort à l'année 1207.

XI. L'abbé Aimeri Sorin, remarquant que la foire de Saint-Gilles-des-Couls tombait toujours un dimanche, au grand préjudice de la piété et du respect dû au jour du Seigneur, invoqua les règles de l'Église, qui proscrivaient les foires et les marchés le dimanche, et obtint d'Ursius de Faye, fils de Nivelon, que la foire de Saint-Gilles serait reportée au jour de la fête de Saint-Clément. En même temps, Ursius renouvela solennellement à Faye, dans son audience et en présence d'un grand nombre de nobles, les priviléges qui avaient été accordés à cette occasion au monastère par son père. Cette ratification eut lieu au mois d'octobre 1216, sous le règne de Philippe-Auguste. (*Cart.* DCLIX.)

Les seigneurs de Faye n'étaient pas les seuls bienfaiteurs ou fondateurs de Saint-Gilles-des-Couls, et les seigneurs de Chargé paraissent y avoir aussi contribué. A ce titre, Aimeri de Chargé élevait des prétentions sur le droit des poids et mesures et sur la justice exercée par le prieuré. Après de longues contestations, la paix finit par s'établir entre l'abbé Aimeri et le chevalier; et tous deux jurèrent, entre les mains de Jean, archevêque de Tours, d'observer fidèlement les conditions de leur accord.

D'après ce traité, toutes les mesures et tous les droits de justice restaient sans contestation à l'abbaye et au prieuré. Mais si un voleur étranger était surpris sur le territoire du prieuré, il devait, après l'instruction de son affaire devant la cour du prieur, être rendu au seigneur de Chargé ; les sujets du prieur étaient exempts de cette nécessité, sous la foi du serment par eux prêté qu'ils appartenaient bien à l'abbaye. Si le seigneur de Chargé négligeait de faire enlever le voleur le lendemain du jour où le prieur lui en aurait donné avis, l'abbé de Noyers pouvait exercer sur l'inculpé la justice plénière. Enfin, le prieur devait veiller rigoureusement à la garde de l'inculpé; et si celui-ci s'échappait de ses mains, le prieur serait cru sur sa parole, s'il niait toute connivence de sa part. En réglant minutieusement tous les cas de l'extradition judiciaire, pour prévenir toutes les difficultés futures, Aimeri de Chargé donna à l'abbaye des lettres de cet accord, munies de son sceau ; et, pour plus de sûreté, il les fit sceller aussi par son beau-père, Foucher de Merlo. (*Cart.* DCLX.)

Si nous adoptions sans critique les énonciations chronologiques inscrites dans les copies modernes de cette charte, cet accord entre le seigneur de Chargé et l'abbaye de Noyers aurait eu lieu en 1290, sous le règne du roi Philippe et sous la prélature de Jean, archevêque de Tours. Cette date pourrait bien se rapporter à Philippe IV le Bel ; mais, à la même époque, nous ne trouvons aucun archevêque de Tours du nom de Jean, ni aucun abbé de Noyers du nom d'Aimeri. Nous pensons donc qu'il y a erreur, et que la charte doit être rattachée au temps de Philippe-Auguste, de l'archevêque Jean Ier de Faye, et de l'abbé Aimeri Sorin, c'est-à-dire à une époque antérieure à 1223, année de la mort du roi. C'est la seule date qui puisse concilier les trois noms que nous relevons dans cette pièce.

Le nom de l'abbé Aimeri Sorin se lit encore dans une charte

de l'an 1218, à l'occasion d'une donation faite à Noyers par Pierre Barbez, au moment du départ de ce chevalier pour l'Orient.

XII. Jean Ier d'Aubers ou des Aubiers, vulgairement des Rouziers, se rencontre dans plusieurs chartes de 1240 à 1247. Sous sa prélature, Guillaume de Seentcut, qualifié valet, abandonna à l'abbaye tous ses droits sur le Port-de-Piles et en investit Jean, prieur dudit lieu. L'acte de donation fut lu en plein chapitre, le vendredi après la fête de l'apôtre saint Jacques, l'an 1244, au temps de saint Louis, roi de France, de Juhel, archevêque de Tours, de Jean, abbé de Noyers, et de Jean Gobe, cellérier et prieur de Sainte-Maure et de Saint-Sulpice. Cette pièce avait été rédigée par le moine Étienne de Faye, qui était sans doute l'*armaire* du couvent. (*Cart.* DCXLVI.)

XIII. Jean II de Sancy, fils de Fredeburge, dame d'une grande piété. Il siégea pendant dix-huit mois.

XIV. Girard Ier, que l'on appelle quelquefois, mais à tort, Gilles ou Gilo, second du nom, siégea pendant sept ans. Le pape Alexandre IV écrivait à son sujet à Pierre de Lamballe, archevêque de Tours, en 1255 : « Notre cher fils Girard, abbé de Noyers, nous a supplié, en raison de la faiblesse de sa vue et des autres infirmités qui l'empêchent de vaquer convenablement au gouvernement de ce monastère, d'accepter sa démission de la charge abbatiale et de lui assigner une pension congrue sur les biens de ce couvent. C'est pourquoi, s'il en est ainsi, nous vous enjoignons d'accepter la démission dudit abbé et de lui assigner, de notre autorité, une pension suffisante, nonobstant toute opposition ou tout appel, quand bien même les opposants auraient obtenu du Siége apostolique la faveur de ne pouvoir être interdits, suspens ou excommuniés, sans des lettres apostoliques faisant mention mot à mot dudit privilége. Donné à Naples, le troisième jour avant les nones d'avril, la première année de notre pontificat. »

XV. Hugues II Sorin, qui était peut-être le neveu d'Aimeri Sorin dont nous venons de parler. De sacristain du monastère il fut élu abbé, et il gouverna Noyers pendant un an et demi. D'après le nécrologe, il mourut le 23 décembre.

XVI. Matthieu Ier figure dans des titres de l'an 1272. Il occupa le siége abbatial pendant vingt ans, et il emporta dans la tombe le renom d'un homme pacifique. C'est probablement sous sa prélature que Matthieu Guarin et Jeanne, sa femme, se donnèrent au monastère avec tous leurs biens meubles et immeubles, présents et futurs, n'en gardant que l'usufruit. (*Cart.* DCXLVIII.)

XVII. Philippe Ier, appelé aussi Pierre Mesmin, réunit un chapitre général en 1296, et mit en vigueur, en 1303, les constitutions qui furent édictées en cette réunion de tous les moines relevant de l'abbaye de Noyers.

XVIII. L'abbé Zacharie est mentionné dans un titre de l'an 1316, par lequel Thibaud de Reuvé, prêtre, abandonne tous ses biens meubles et immeubles à l'abbaye, sans autre réserve que d'hypothéquer annuellement deux setiers de froment à la mesure de Faye pour assurer le service de son anniversaire. Cette donation fut faite en présence de Jean de Tours, prieur claustral, Guillaume de Villeneuve, sous-prieur, Jean d'Usseau, aumônier, Simon, recteur de l'église de Luzé, et plusieurs autres témoins. (*Cart.* DCXLIX.)

XIX. Philippe II nous est connu par des lettres datées du mois de janvier 1322, par lesquelles Jean de Bernard se donne avec tous ses biens au monastère de Noyers. Il siégea pendant vingt-sept ans, et mourut le 2 janvier.

XX. Pierre Ier (ou Pierre II, si l'on donne ce nom à Philippe Mesmin), succéda à Philippe II. Il ne nous est parvenu de lui que son nom, transmis par la chronique abrégée du monastère de Noyers.

XXI. Arnauld abdiqua par procureur, l'an 1359, entre les mains du pape Innocent VI.

XXII. Nicolas de Villeneuve, élu abbé en 1359, comme il résulte de lettres du pape Innocent, données le 16 des calendes du mois d'août, mourut en 1363.

XXIII. Raoul Ier, prieur du Port-de-Piles, obtint le titre de l'abbaye vacante par une bulle du pape Urbain V, datée du 13 des calendes d'avril, en 1363. Il mourut en 1364, le 7 juin.

XXIV. Jean III, prieur claustral, fut promu abbé par des lettres apostoliques données à Avignon aux ides de septembre 1364. On voit qu'au XIVe siècle l'abbaye n'avait pas conservé son antique privilége d'élire ses abbés, et que le Souverain Pontife se réservait le droit de faire cette nomination.

XXV. Guillaume Ier assistait, en 1409, au concile de Pise. On le retrouve dans un titre de 1418.

XXVI. Raginald abdiqua spontanément son titre d'abbé, nous ignorons pour quels motifs, entre les mains de Philippe de Coetquis, archevêque de Tours. Le pape Martin V, à la veille de sa mort, lui assigna pour sa subsistance, à titre de commende, le prieuré de Parilly, près de Chinon, avec une maison et un colombier bâtis par ledit Raginald. Cette distraction, au profit de l'abbé démissionnaire, d'un domaine appartenant à la mense abbatiale, résulterait, d'après les anciennes chroniques du monastère, de lettres du pape Martin V, données le 14 des calendes de février 1431. Si la bulle en question était préparée à cette date, il est certain qu'elle n'était point encore expédiée dans les formes au moment de la mort de Martin V; car son successeur Eugène IV, dans une autre bulle du 11 mars, déclare formellement que ces lettres de février ne pouvaient obtenir leur entier effet, à cause de la mort de son prédécesseur. Eugène IV ratifia les dispositions prises à ce sujet, et chargea l'abbé de Marmoutier et le doyen de l'Église métropolitaine de Tours du soin d'investir Raginald de la commende qui lui avait été accordée. (*Cart.* DCLXI.)

XXVII. Jean IV, auparavant prieur de Sainte-Maure, fut créé abbé par Martin V, au commencement de l'année 1431, sur la démission de Raginald. La nomination de Jean fut ratifiée par Eugène IV. Sous son administration, Jehan Pelletau, dit Caloche, seigneur de Profond-Fossé, en la paroisse de Trogues, donna à l'abbaye une partie de la dîme de Poizay pour la célébration annuelle et perpétuelle de deux messes à son intention. (*Cart.* DCLI.)

XXVIII. Salomon Chevalier paraît en 1438 et 1440.

XXIX. Guillaume II de Chauvigné figure en 1443. Le 30

juin 1454, il assista comme témoin, avec Richard, évêque de Coutance, et Jean, seigneur de Sainte-Maure, à la visite des reliques des saintes Maure et Britte, faite par Jean III de Bernard, archevêque de Tours. Ces reliques avaient déjà été visitées précédemment, en 1267, par l'archevêque Vincent de Pirmil, qui, à la prière de Guillaume de Sainte-Maure, avait extrait des châsses les têtes des deux saintes vierges et n'y avait laissé que les autres ossements (1).

Guillaume de Chauvigné bâtit le dortoir et le chapitre de l'abbaye de Noyers. Il ne reste plus rien aujourd'hui de ces travaux.

XXX. Maurice de Parthenay, neveu du précédent par sa mère, mourut vers 1470.

XXXI. Raoul II du Fou du Vigean, originaire du diocèse de Quimper, frère de Jean et Ivon du Fou, conseillers de Louis XI, évêque de Périgueux depuis 1468, puis transféré au siége d'Angoulême en 1470, fut nommé en même temps premier abbé commendataire de Noyers. Bientôt, pourvu de plusieurs autres bénéfices et promu à l'évêché d'Évreux, il retint cependant le titre de Noyers. On le trouve jusqu'en 1486 dans les titres du monastère. Il fit rebâtir le cloître.

XXXII. Gérard II de Mauny fut élu par les moines en 1498, d'après les notes recueillies par D. Housseau. Il mourut le 1er mai 1505.

XXXIII. Jacques de Mauny, moine de Noyers, appartenait à une noble famille qui habitait Saint-Aignan, dans le Maine. Il fut aussi élu par les frères ; mais ce fut le dernier abbé régulier de Noyers. Les chroniques du monastère prolongent sa vie jusqu'en 1544 ; mais, d'après les manuscrits de D. Housseau, il serait mort en 1542. Son anniversaire est inscrit dans le nécro-

(1) Au XVIIe siècle, les reliques des saintes Maure et Britte étaient conservées dans l'église paroissiale de Sainte-Maure, dans une grande châsse richement ornée. Le vicaire-général de Victor le Bouthillier ayant fait l'ouverture de cette châsse, en 1666, y trouva vingt-cinq grands ossements avec plusieurs autres plus petits, décemment enveloppés dans une étoffe de soie. Il y trouva aussi divers instruments en parchemin, attestant l'authenticité de ces reliques et les visites qui en avaient été faites précédemment, au XIIIe et au XVe siècle. (Note de D. RUINART aux œuvres de saint Grégoire de Tours, *Liber de Gloria Confessorum*, cap. XVIII.)

loge, au 7 avril. Il fit faire les voûtes du chœur, le petit clocher, la boiserie des stalles du chœur, la grosse tour et les maisons de Sauvage et d'Antogny.

XXXIV. François Ier de Mauny, frère de Jacques, évêque de Saint-Brieuc, dès 1544, abbé commendataire de Noyers vers la même date, puis abbé de Tiron, évêque de Tréguier, et enfin archevêque de Bordeaux en 1553. Il rebâtit la maison abbatiale et orna l'église avec beaucoup de magnificence. Il se démit de l'abbaye de Noyers en faveur de son neveu, en 1554, et mourut en 1558, le jour de la fête de l'évangéliste saint Luc.

XXXV. Matthieu II de Mauny, neveu des précédents, gouverna Noyers jusqu'en 1560.

XXXVI. Eustache du Bellay, évêque de Paris, avait, outre l'abbaye de Noyers, une multitude d'autres bénéfices. Il régit le monastère jusqu'en 1574. Il fit réparer la partie orientale du cloître.

XXXVII. François II Chesneau paraît en 1575. Il mourut, dit-on, en 1578.

XXXVIII. Antoine Millet, de 1578 à 1584.

XXXIX. Charles Ier de Cossay, ou de Corsay, ne paraît pas avoir gouverné longtemps l'abbaye.

XL. Charles II Martineau de Thuré porte le titre d'abbé en 1588.

XLI. Jean V Fouldrin, aumônier du roi, abbé de Notre-Dame de Blois, obtint Noyers par une bulle de Clément VIII, en 1597, avec l'approbation du roi. Il mourut au mois d'octobre 1615.

XLII. Emmanuel Martineau de Thuré, neveu de Charles, fut pourvu de l'abbaye en 1649. Il y introduisit les moines de la congrégation de Saint-Maur, le 4 avril 1659. Il mourut le 21 décembre de la même année en son château de Thuré. Les premiers prieurs de la maison ainsi réformée furent Fabien Guy et Silvain Marbœuf (1).

(1) Le 14 août 1659, Louis XIV, passant par le Port-de-Piles pour aller à Bordeaux épouser l'infante d'Espagne, dîna dans le pré du prieuré de Saint-Nicolas du Port-de-Piles, dépendant de cette abbaye, près de la fontaine, avec la reine-mère, le duc d'Anjou et mademoiselle d'Orléans. (D. Housseau, t. XVIII, *Notes autographes.*)

XLIII. César de Beaudeau de Parabère, fils d'Henri, comte de Parabère, et de Catherine de Pardaillan, fut institué abbé de Noyers par un rescrit royal du 27 décembre 1659; mais il ne prit possession que le 28 novembre 1662. Au mois de mars 1663, il permuta avec le suivant, qui avait l'aumônerie de l'Église de Blois.

XLIV. Claude de Blancpignon entra en possession le 11 juillet 1663. Il ne siégea que deux mois, et n'ayant pu obtenir ses bulles, il retourna à son aumônerie de Blois.

XLV. César de Beaudean, redevenu abbé de Noyers, fit le partage des biens du monastère avec les religieux, en 1673. Le *Thesaurus abbreviatus*, chronique du monastère écrite vers l'an 1680, en fait l'éloge en ces termes : « Après la mort du cardinal Mazarin, dont il était l'un des favoris, dédaignant les délices de la cour, il se retira avec quelques ecclésiastiques, pour mener une vie humble et modeste. Il mourut en 1678. »

XLVI. Pierre II Amable Richou prit le gouvernement de l'abbaye au mois d'avril 1678. Il ne demanda point ses bulles, et mourut en mars 1687.

XLVII. Jean-Baptiste Pinsson, prêtre de la congrégation de la Mission de Paris, fils de François Pinsson, célèbre jurisconsulte, fut nommé abbé de Noyers par le roi en 1687, reçut ses bulles de Rome en 1688 et mourut en 1736.

XLVIII. Julien-Hyacinthe Le Riche, archidiacre de Tours, en 1736. Il se démit en 1746.

XLIX. Louis Le Bègue de Majainville, abbé à partir de 1746.

L. N. Dubois de Sansay, institué en 1749, gouverna l'abbaye jusqu'en 1761 (1).

(1) A la place du nom de Dubois de Sansay, que nous empruntons au catalogue de M. Hauréau, les notes autographes de D. Housseau (t. XVIII) nous donnent celui de Henri d'Aviau de Relai, chanoine de Saint-Hilaire de Poitiers, nommé en 1749, après la démission de Louis Le Bègue, entré en possession au mois d'avril 1750.

LI. Urbain-René de Hercé, en 1761. Créé évêque de Dol en 1767, il retint l'abbaye jusqu'en 1785.

LII. Louis II Jules-François d'Andigné de Mayneuf, abbé de Noyers de 1785 à 1790.

CHAPITRE XI.

Notes extraites des chroniques de l'abbaye.

L'abbaye de Noyers reconnaissait pour ses fondateurs Hubert de Noyant, chevalier, le roi Robert et Foulques Nerra, comte d'Anjou. Comme l'église donnée par Hubert avait été concédée par Malran de Nouâtre, les seigneurs de Nouâtre prétendirent à l'honneur d'être aussi au nombre des fondateurs du monastère. Ils commencèrent dès 1249 à s'arroger ce titre et à disputer aux religieux la haute justice; mais ils furent déboutés de ces prétentions, et l'on fit alors une transaction entre les deux parties : les seigneurs de Nouâtre conservèrent leur droit de sépulture dans le couvent, à cause des grands biens qu'ils lui avaient accordés.

En raison de sa fondation royale, l'abbaye se parait des armes de France. On voit encore l'écu royal, mais mutilé par la Révolution, au front du grand portail. Les armoiries particulières de l'abbaye étaient *d'azur, à une figure de la sainte Vierge, portant Jésus-Christ enfant, d'argent.*

Isabeau de Craon, dame de Sully, de Sainte-Maure et de Nouâtre, permit aux religieux d'ôter leurs fourches patibulaires, situées près des murs de la ville de Nouâtre, et de les transporter au *Bois aux moines*. Les lettres en furent données à Tours en son conseil, le 26 juillet 1372, à la condition que l'abbé lui offrirait un chapeau de fleurs chaque année à la Fête-Dieu (1). La juridiction de l'abbé comprenant haute, moyenne

(1) Collection de D. Housseau, t. VIII, n° 3701. Catalogue analytique des diplômes, chartes et actes contenus dans cette collection, par M. E. Mabille, dans le t. XIV des *Mémoires de la Société archéologique de Touraine.*

et basse justice, le pilori avait quatre piliers. La justice était exercée par un sénéchal, juge civil et criminel, un procureur de cour et un greffier. Outre la juridiction de l'abbé, il y avait aussi une prévôté appartenant à l'office de cellérier, composée de semblables officiers.

Noyers relevait du château et du bailliage de Chinon, tant en fief que ressort et justice. Les religieux devaient à la couronne, en raison de cette dépendance féodale, une maille d'or à chaque mutation de roi (1). Quant à la justice, les causes réglées en première instance par le sénéchal et le prévôt allaient par appel devant le bailli de Chinon.

Pendant les premiers siècles, l'élection de l'abbé se faisait par les religieux et était indépendante de toute ingérence, soit de personne ecclésiastique, soit de personne séculière. Lorsque l'abbé venait à mourir ou qu'il se démettait de son titre, la communauté envoyait à l'archevêque de Tours un ou deux députés pour lui présenter les lettres de sa mort, scellées des sceaux du prieur et du chapitre, ou l'acte de démission, et demander la permission d'élire un successeur. Le prélat, après s'être assuré de la vacance du titre abbatial, accordait la permission demandée. L'élection faite, on portait l'abbé élu à l'autel de la sainte Vierge pour l'offrande, on expédiait les lettres d'élection dressées au nom de la communauté à l'archevêque de Tours, et on lui présentait le nouvel élu. Alors l'archevêque s'informait de sa vie, de ses mœurs et de sa science ; et, s'il le trouvait capable, il le confirmait et lui indiquait un jour pour le bénir et recevoir sa profession de foi. Quand l'abbé entrait en cérémonie dans son monastère, l'archidiacre d'Outre-Vienne l'installait en sa place au chœur et percevait un marc d'argent pour cette installation. L'abbé prêtait ensuite serment, sur les saints

(1) Cette maille d'or nous rappelle que l'abbaye se prétendait propriétaire d'une mine d'or. « Sous l'enclos du monastère, disent nos mémoires, il y a une mine d'or, sur laquelle on a déjà travaillé. Les gens du métier conviennent qu'elle est véritablement mine d'or; mais ils croient qu'il faut attendre sa maturité pour en tirer quelques profits. » Cette prétendue mine, découverte vers la fin du XVIIe siècle, fut concédée par le roi au baron de Pointis. CHALMEL, *Hist. de Touraine*, t. IV, p. 391.

Évangiles, d'observer les bonnes et anciennes coutumes du monastère.

Malgré l'indépendance intérieure de l'abbaye, l'abbé et les prieurs étaient tenus à certaines redevances envers l'archevêque de Tours, les archidiacres et les archiprêtres, pour les droits de visite, de procuration et de pension annuelle dûs par les églises dépendant du monastère. Le 14 mai 1226, les parties intéressées transigèrent sur ce point : l'abbé de Noyers donna à l'archevêque une somme de 50 livres, dont le revenu annuel, assuré par un bon placement, devait représenter ces divers droits. L'église de Parilly fut seule exceptée de cet arrangement, et elle continua à payer chaque année dix sols à l'archidiacre, et cinq sols à l'archiprêtre. Cette transaction, disent les mémoires du monastère, était signée *per manum magistri Gauteridi, cancellarii Turonensis*.

Les mêmes mémoires nous ont transmis quelques détails intéressants sur les constructions de l'abbaye.

Le rond-point de l'église était regardé comme appartenant à la construction primitive faite, soit sous le roi Robert, soit même plus tôt, et en tout cas antérieurement à la fondation du monastère ; c'était un reste de la chapelle rurale dédiée à la sainte Trinité et à la vierge Marie, chapelle que le pieux Hubert avait obtenue de la libéralité de Malran. Ce rond-point, peu saillant au dehors, renfermait un autel fort modeste, simple table de pierre portée sur deux piliers et non adhérente aux murailles, suivant les prescriptions de la liturgie.

Les premières constructions furent gravement endommagées par les guerres des petits seigneurs du voisinage, comme nous l'avons marqué au chapitre de l'abbé Rainier, et il fallut songer à les réparer ou même à les rebâtir. Cette restauration du monastère était terminée vers l'an 1120, époque à laquelle Gislebert, archevêque de Tours, vint à Noyers pour faire la dédicace de l'église et bénir les bâtiments claustraux. (*Cart.* CDXXXIV.) Pour échapper à de nouvelles calamités, l'église fut crénelée et le monastère fortifié (1).

(1) Les créneaux de l'église furent détruits en 1704.

L'invasion anglaise, au XIVe et au XVe siècle, fut une source de calamités pour notre province, et la plupart des maisons religieuses eurent à en souffrir grandement. Par bonheur, les abbés de Noyers furent à la hauteur de leur mission et dépensèrent des sommes considérables pour relever les ruines du sanctuaire et orner la maison de Dieu. Parmi les bienfaiteurs du monastère, nos chroniques citent avec éloge Guillaume de Chauvigné, Maurice de Parthenay, Raoul du Fou, Jacques et François de Mauny, et Eustache du Bellay.

Raoul du Fou du Vigean commença le cloître vers 1474. On y voyait sur les piliers les armoiries de sa famille, qui sont : *d'azur, à la fleur de lis d'or, aux deux éperviers d'argent affrontés, perchés et arrêtés sur les deux feuilles recourbées de la fleur de lis.* L'écu était surmonté d'une crosse et d'une mitre à l'antique.

François de Mauny acheva le jubé, qu'un seigneur de la Marche d'Aigremont paraît avoir commencé. C'était un ouvrage d'une belle structure et d'une exécution très-délicate, orné d'un grand crucifix et des images peintes des quatre évangélistes. Au-dessous du crucifix on lisait cette inscription :

G. de la Marche, seigneur d'Aigremont, de Montbazon, de Sainte-Maure et de Noastre, qui a fait faire ce popistre l'an 1550. Au-dessus de cette inscription, on voyait un écu *d'argent, à la fasce échiquetée de trois tires, au lion hissant en chef,* timbré d'un casque à l'antique, avec deux lions pour supports, et pour cimier une tête de veau couronnée de tires.

Les symboles des quatre évangélistes qui servaient d'ornement à la façade du jubé portaient les armes de François de Mauny, abbé de Noyers et archevêque de Bordeaux : *écartelé, au 1 et 4 d'argent, au croissant montant de gueules ; au 2 et 3, losangé d'or et de gueules ; et sur le tout, de , au lion armé, lampassé et couronné de ;* l'écu était surmonté d'une croix à double branche.

En plusieurs endroits du même jubé, on voyait d'autres armoiries. Un des écus était parti de la Marche d'Aigremont et des du Fou du Vigean.

Un autre écu contenait quatre écussons accolés : au 1, de la Marche d'Aigremont ; au 2, *burelé d'argent et d'azur, à 3 chevrons de gueules brochant sur le tout ;* au 3, *losangé de et de* (probablement de Mauny) ; au 4, de du Fou du Vigean.

L'abbé Eustache du Bellay fit relever le côté oriental du cloître. Un des piliers du cloître portait les armoiries suivantes : *écartelé, au 1, à 6 fusées de posées en pal, et sur le tout une bande de ;* au 4, *de France ancien*; au 2, *de à 3 fasces ondées de ;* au 3, *de , à un lion armé, lampassé et couronné de ;* le tout surmonté d'une crosse.

L'église abbatiale renfermait plusieurs sépultures intéressantes.

C'était la tradition du monastère que Hubert de Noyant, le fondateur, avait été enterré dans le chapitre ; car, le 11 septembre, jour de son anniversaire, les moines allaient faire son absoute dans le chapitre. Aux autres services célébrés pour les bienfaiteurs de la maison, on faisait l'absoute sur la *lectique*, c'est-à-dire sur le cénotaphe.

Hugues de Sainte-Maure ayant reçu l'habit religieux à l'article de la mort en l'église de Noyers, mourut peu de temps après, et fut enterré dans le parvis, là où l'abbé Jacques de Mauny fit bâtir plus tard la grosse tour. Ce ne fut pas le seul membre de l'illustre famille de Sainte-Maure qui reçut sa sépulture dans le couvent. Il restait autrefois quatre figures de pierre adhérentes aux murailles de l'église, deux du côté septentrional, et deux du côté méridional. Selon la tradition des religieux, c'étaient les images de Hugues l'ancien et d'Adenorde, sa femme, de Hugues le jeune et de son épouse Cassimote. Tous avaient la couronne en tête.

Un autre tombeau existait sous une arcade près de l'autel majeur du côté du nord : la tradition y reconnaissait celui d'Acharie de Marmande ; mais les armoiries qu'on y voyait ne justifient pas cette opinion.

Malheureusement tous ces souvenirs, toutes ces richesses architecturales eurent beaucoup à souffrir, au mois de novembre 1589, d'un parti des troupes du duc de Mayenne. Ces zélés Ligueurs, qui se prétendaient si bons catholiques, massacrèrent un des religieux, brûlèrent les titres, profanèrent l'église, volèrent le trésor et commirent une foule d'excès. L'abbaye eut beaucoup de peine à se relever de ces ravages.

L'église de Noyers possédait une portion considérable du corps de saint Gratien, évêque et martyr. Ces restes précieux étaient renfermés dans une châsse de cuivre doré et émaillé, d'un travail ancien. On n'y trouva aucun monument ou titre qui attestât l'authenticité de ces reliques.

D'après une légende insérée dans un ancien bréviaire de Noyers, saint Gratien était originaire du pagus de Rouen. Ses vertus l'appelèrent aux honneurs ecclésiastiques, et il fut élu évêque d'une des cités de la Bretagne. L'époque de sa vie ne nous est point indiquée, même approximativement, et ses actions ne nous sont pas mieux connues. Tout ce que nous savons, c'est que le saint évêque, à son retour d'un pèlerinage à Rome, avec quelques pieux fidèles qui l'avaient accompagné, fut rencontré sur les confins de la Touraine par un parti d'infidèles, peut-être une horde de Normands, qui ravageaient l'Aquitaine. L'homme de Dieu donna joyeusement sa vie en confessant Jésus-Christ, et périt frappé par le glaive avec plusieurs de ses compagnons. Un de ces derniers, nommé Aventin, fut transporté plus tard en Poitou, au château de Vivonne, où il fut honoré comme martyr.

Le corps de saint Gratien et celui d'un de ses jeunes compagnons demeurèrent quelque temps sur le lieu du supplice, sans être inhumés, et cependant sans souffrir la moindre corruption. C'était sur les bords de la Riolle, petit ruisseau qui se jette dans l'Esves, près de Civray. Le curé de cette paroisse, quand la crainte des infidèles se fut dissipée, s'empressa de se transporter sur le théâtre du carnage, pour ensevelir honorablement les restes de l'évêque martyr. Mais, ô puissance divine! dit notre légende, jamais il ne put enlever le corps de saint Gratien, quelques efforts qu'on déployât. Le curé de Bournan ne fut pas plus heureux, et, après une tentative inutile où la volonté de Dieu se manifestait clairement, il dut se résigner à laisser sur le sol la dépouille sacrée qu'il avait voulu honorer.

Non loin de là se trouvait, à Sepmes, une église consacrée à la sainte Vierge. Sur le territoire de cette paroisse vivaient deux frères, forgerons de leur état, hommes au cœur simple et droit. Une nuit, l'un d'eux eut une vision, et une voix céleste le chargea de prévenir le curé de Sepmes d'avoir à transporter en son église le corps du bienheureux Gratien. Le curé, docile à cet avis, réunit une foule de ses paroissiens et se mit en marche vers le lieu du martyre, où il trouva gisants le corps de saint Gratien et celui de l'enfant qui l'accompagnait. La pieuse procession transportait avec joie ces précieuses dépouilles vers l'église, lorsque, arrivés à la hauteur du cimetière, les porteurs des saints corps comprirent, à la pesanteur extraordinaire de leur fardeau, qu'il fallait s'arrêter en ce lieu. C'est là que furent inhumés les deux corps. Plus tard, à une époque inconnue, l'église de Noyers s'enrichit d'une partie notable du corps de saint Gratien. (*Cart.* DCLXII.)

Saint Gratien était regardé, après Notre-Dame, comme le principal patron de l'abbaye, et les religieux, ainsi que les populations du voisinage, ne manquaient pas de l'invoquer dans les calamités publiques. En 1586, la peste fit de grands ravages au bourg de Noyers, et il y mourut de soixante à quatre-vingts personnes sur la fin du mois d'août. On fit aussitôt une procession générale, où l'on porta la châsse et la chasuble de monsieur saint Gratien, et bientôt le mal cessa. Une autre année, la sécheresse fut extrême, et il ne tomba pas une goutte d'eau depuis l'Ascension jusqu'à la mi-août. Le jour de l'Assomption, on fit une procession semblable; et quand les fidèles rentrèrent dans l'église abbatiale, la pluie commença à tomber et dura le lendemain toute la journée. Ces détails nous ont été transmis par frère Nicolas Rousseau, alors chantre, et depuis grand-prieur, qui les inscrivit et les certifia véritables sur le martyrologe-obituaire de l'abbaye, au mois d'avril 1645.

La légende liturgique de saint Gratien, que nous avons analysée plus haut, est la seule œuvre d'un caractère vraiment littéraire qui nous soit parvenue des anciens religieux de l'abbaye de Noyers. Elle ne paraît pas antérieure au XIVe siècle (1), et elle ne se distingue pas beaucoup des chartes plus anciennes que nous avons publiées et qui sont d'un latin fort incorrect, quand il n'est pas barbare. Ces pièces ne font qu'un médiocre honneur, il faut bien l'avouer, aux bibliothécaires du monastère.

Le seul homme de lettres que l'abbaye ait produit, est frère Nicolas Rousseau, que nous venons de mentionner. Il fit profession à Noyers le 17 mars 1583, entre les mains de Claude Pasquier, prieur du monastère. Son mérite l'éleva successivement aux dignités de la maison, et il devint *armaire* et prieur claustral : dans cette situation il s'attacha à recueillir tous les faits arrivés de son temps et qui regardaient l'histoire de Noyers. Il conserva sa vigueur jusqu'à un âge fort avancé ; et nous savons par les mémoires de l'abbaye qu'en 1647, âgé de 85 ans, il observait encore toutes les prescriptions de la règle bénédictine.

Le XVIe siècle a donné à Noyers quelques hommes d'une certaine illustration, dont les noms nous ont été conservés par le martyrologe. Parmi eux nous citerons particulièrement : D. Matthieu de l'Evesque, évêque de *Trajanus*, abbé de Saint-Jean de Laon et de Saint-Nicolas-des-Champs, auparavant moine et cellérier de Noyers et prieur d'Antogny, mort en 1533 ; — D. François de l'Evesque, neveu du précédent, cellérier de Noyers, ensuite abbé de l'Étoile, mort en 1567, le 10 mars ; — D. Pierre de Sèze, moine et aumônier de Noyers, abbé de l'Isle, mort le 30 janvier, en une année inconnue ; — et D. Adrien Bictam ou Bictain, issu d'une famille illustre, chambrier et prieur claustral du monastère, distingué par sa piété et son zèle pour l'observance régulière, mort en 1598.

(1) Cette date est déterminée pour nous par la mention erronée que la paroisse de Sepmes aurait ainsi été nommée parce qu'elle serait la *septième* des huit églises fondées en Touraine par saint Gatien, premier évêque de Tours. Cette allégation, positivement contraire aux textes de Grégoire de Tours, ne se rencontre dans nos livres liturgiques qu'à partir du XIVe siècle, quand on voulut attribuer à notre premier apôtre un rôle glorieux et un ministère fructueux.

Un vieux livre des *Usages* du monastère *(Usus monasterii B. Mariæ Nuchariensis)*, écrit vers le commencement du XIVe siècle, nous a transmis quelques détails assez curieux sur certaines coutumes de l'abbaye.

Les moines solennisaient la mi-carême et chantaient l'invitatoire en aubes : ce jour-là, en sus de la portion de nourriture assignée par la règle bénédictine, ils avaient une pitance au réfectoire.

Tous les religieux communiaient sous les deux espèces le Jeudi-Saint, le Samedi-Saint, le jour de Pâques, et même, ce qui est étonnant, le Vendredi-Saint. Ce dernier jour, on ne mangeait que du pain et des herbes et on ne buvait que de l'eau. Sur le soir, la communauté allait au réfectoire, et on distribuait à chaque frère un verre plein de vin. Le livre des *Usages* défend de s'en abstenir, pour échapper à tout soupçon d'hypocrisie, *ne sibi ad hypocrisim reputetur.* La même coutume s'observait le Jeudi-Saint après la réfection, en raison de la fatigue extraordinaire de ces jours.

L'abbaye de Noyers était en société de prières avec les congrégations suivantes : Saint-Florent de Saumur, Saint-Ouen de Rouen, Saint-Nicolas d'Angers, Marmoutier, la Trinité de Vendôme, le Mont-Saint-Michel, Bois-Aubry, les chanoines de Saint-Mexme, de Chinon, et la congrégation de la Trinité de Caen. Dans chacune de ces pieuses maisons on offrait des prières solennelles pour le repos de l'âme des défunts religieux de Noyers; et Noyers, à son tour, payait le même tribut de piété à ses associés.

En inscrivant le nom de ces institutions monastiques, autrefois si florissantes, ne venons-nous pas de faire un véritable nécrologe ? Ces personnages, jadis si puissants, si honorés, ne sont plus aujourd'hui ; et sur l'emplacement où s'élevaient ces grandes maisons, il reste à peine des ruines pour nous parler d'elles et de leurs services. Après toutes les luttes du moyen âge, dans lesquelles les monastères avaient triomphé, sont venues les tempêtes du protestantisme, qui ont porté un premier coup, un coup presque irrémédiable à nos vieilles abbayes, en jetant une main sacrilége sur leur temporel ; puis le relâchement des mœurs et de la discipline monastique a introduit un ferment de dissolution, qui n'a cessé de se développer sous l'administration toute laïque des abbés commendataires ; puis l'indifférence croissante du public n'a plus permis aux maisons religieuses de se recruter, à tel point qu'au milieu du XVIIIe siècle il ne restait plus que six moines à Noyers (1); enfin la Révolution a renversé ces antiques institutions ecclésiastiques qui se précipitaient d'elles-mêmes sur le penchant de leur ruine.

Noyers a disparu comme tant d'autres monastères ; son église, ses cloîtres, son chapitre, ont été abattus, et il n'en subsiste plus qu'un logis qui n'a rien de monastique. Ce qui demeure de la vieille abbaye, ce qui demeurera toujours, ce sont les services qu'elle a rendus. L'agriculture transformée, de vastes landes défrichées, des populations entières élevées peu à peu à la dignité d'hommes libres et protégées contre les turbulences des seigneurs du voisinage, des bourgs fondés, des églises bâties pour l'instruction religieuse des masses, une influence morale et civilisatrice incontestable : voilà des titres au respect et à la reconnaissance. Les peuples, oublieux, ne le savent plus ; mais l'historien doit le proclamer bien haut. Si le passé ne peut plus revivre, sachons au moins le connaître et le respecter.

Tours, décembre 1872.

(1) *Tableau de la province de Touraine*, 1762-1766, publié par M. l'abbé C. CHEVALIER. Tours, Ladevèze, 1863. — *Annales de la Société d'Agriculture, Sciences, Arts et Belles-Lettres du département d'Indre-et-Loire*, année 1862.

TABLE.

www.ingramcontent.com/pod-product-compliance
Ingram Content Group UK Ltd.
Pitfield, Milton Keynes, MK11 3LW, UK
UKHW021106290826
14628UKWH00014B/780

9 782019 695507